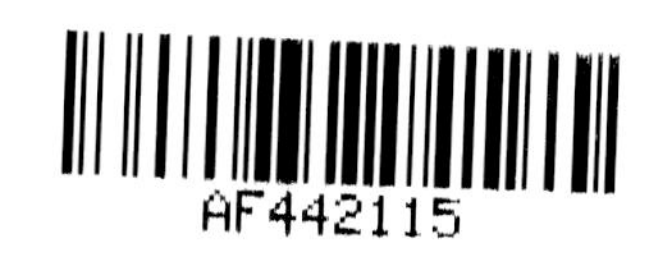

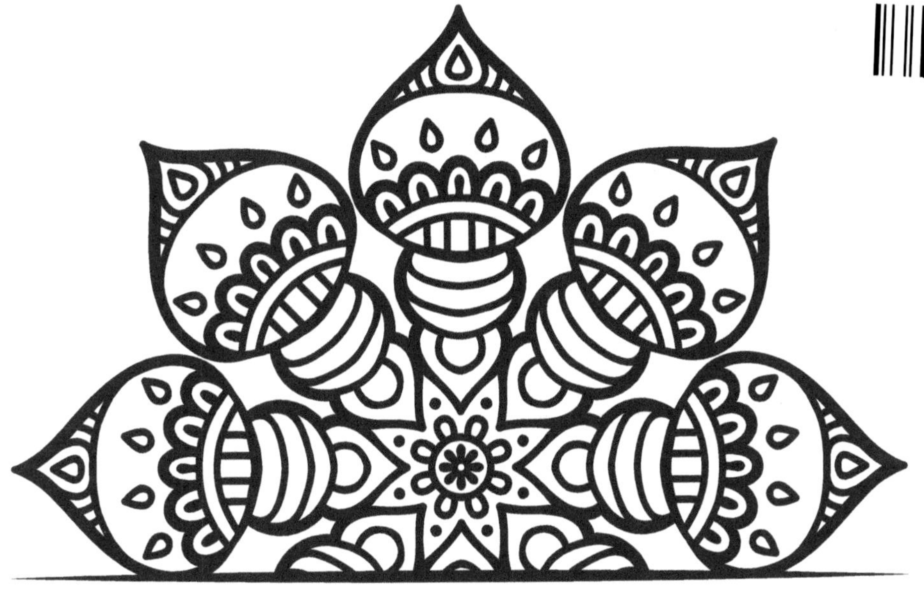

Dieses Buch gehört:

____

____

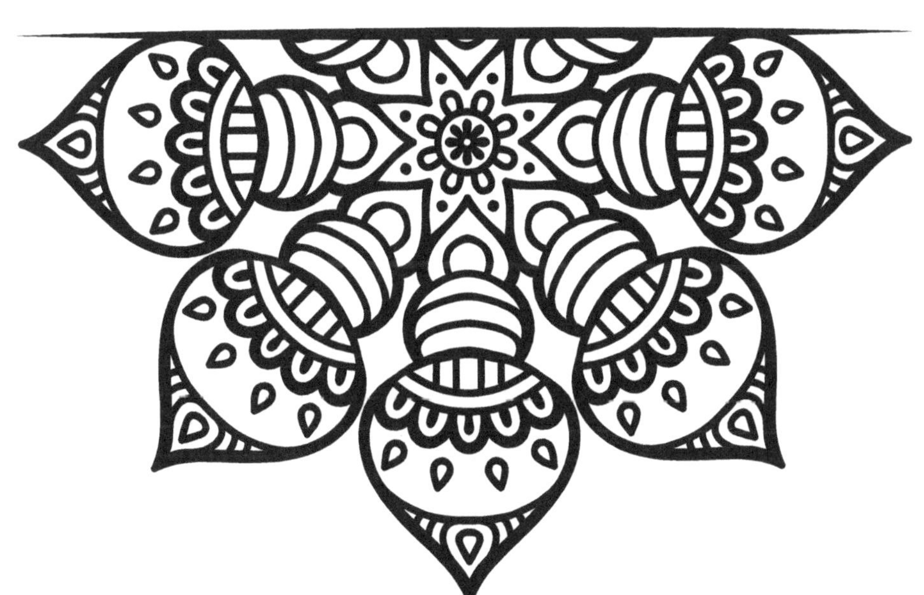

FARBTEST

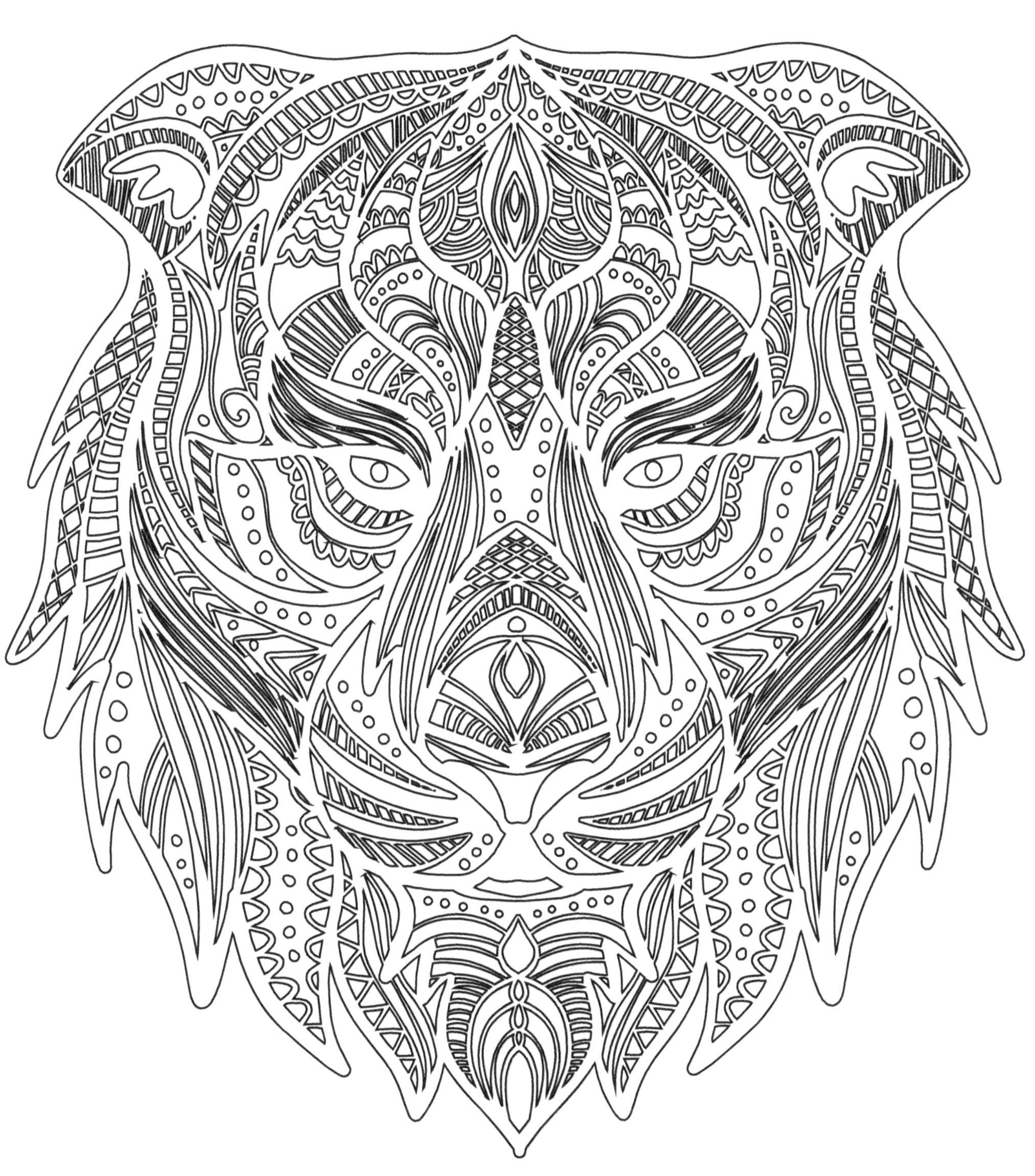

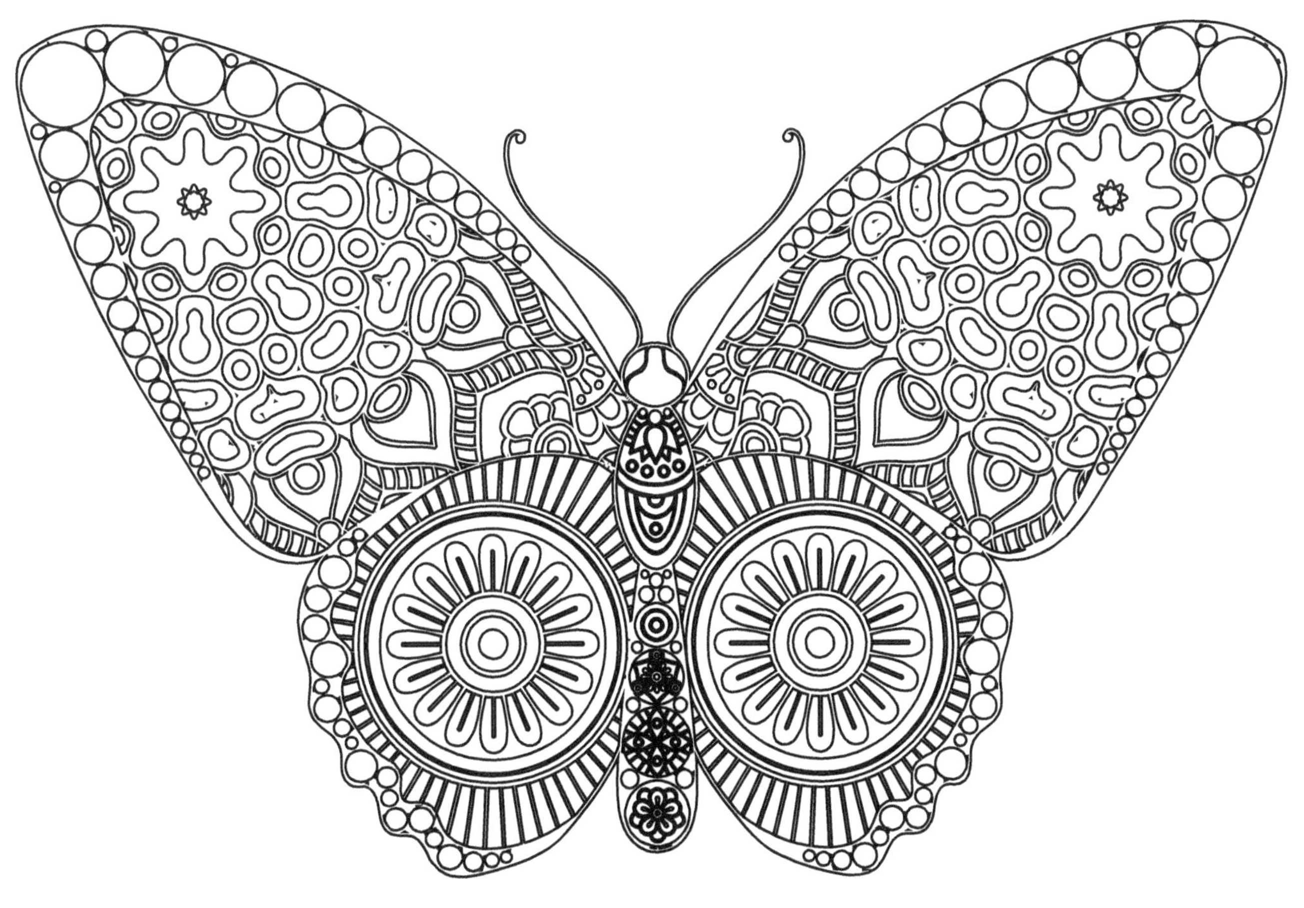

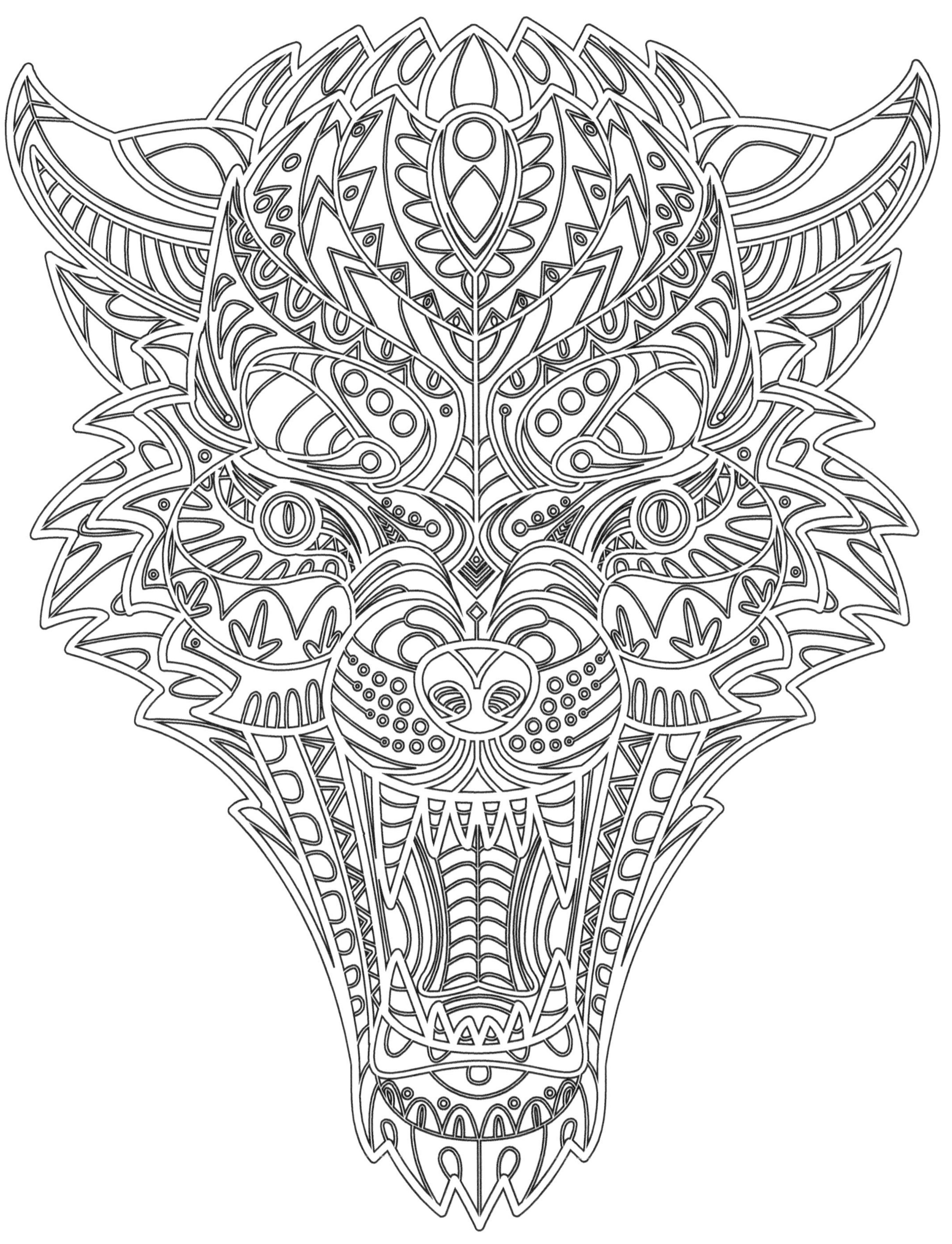

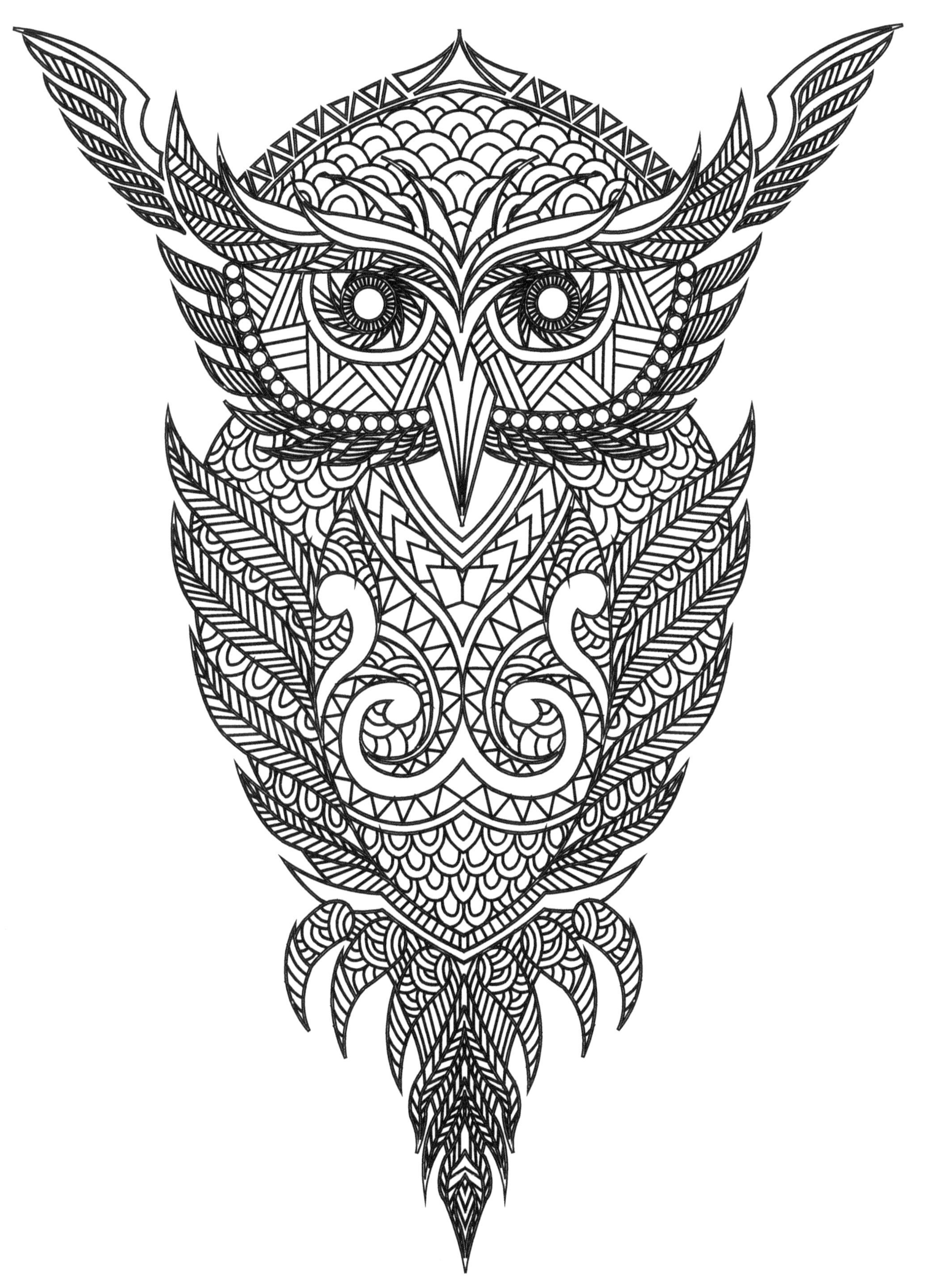

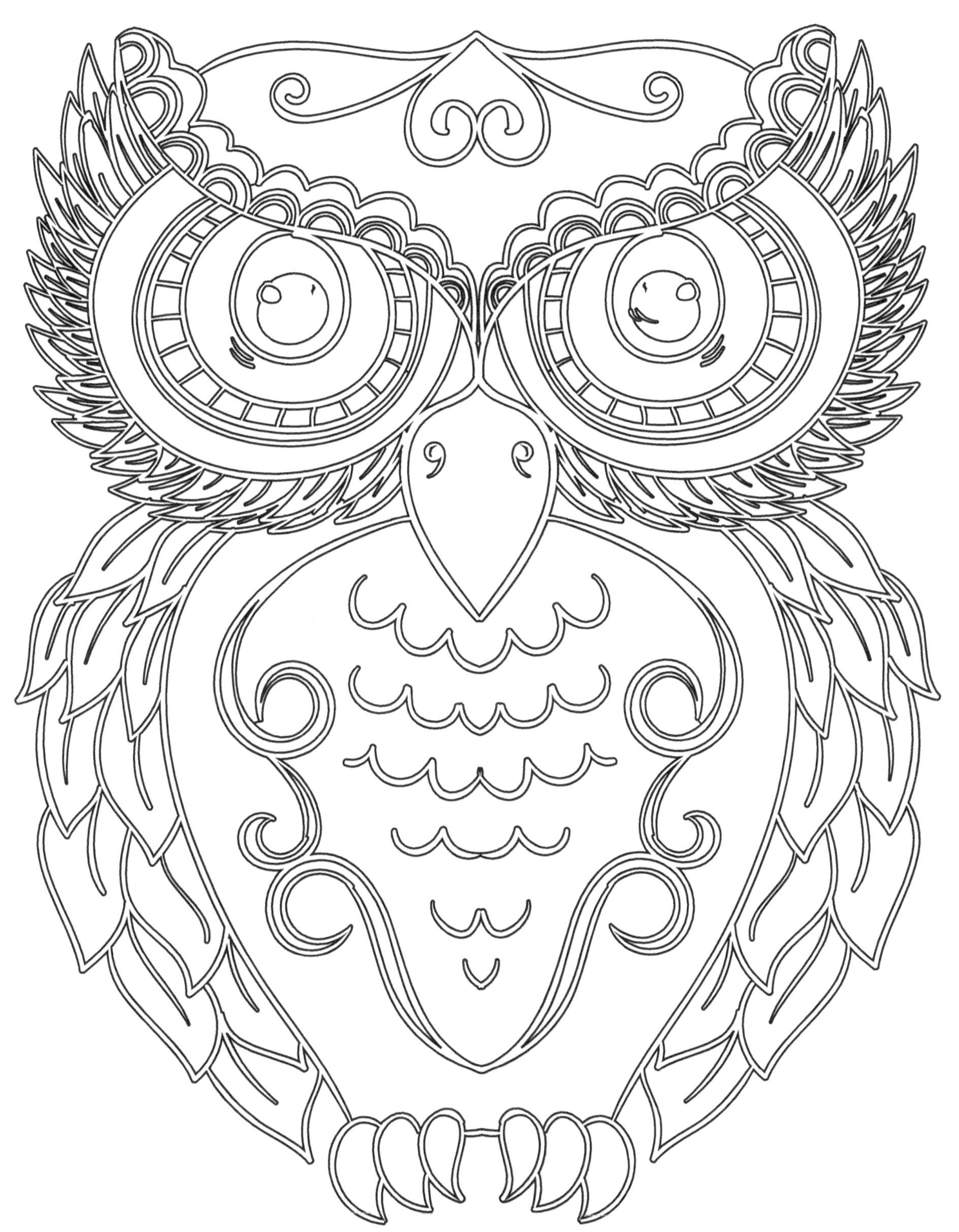

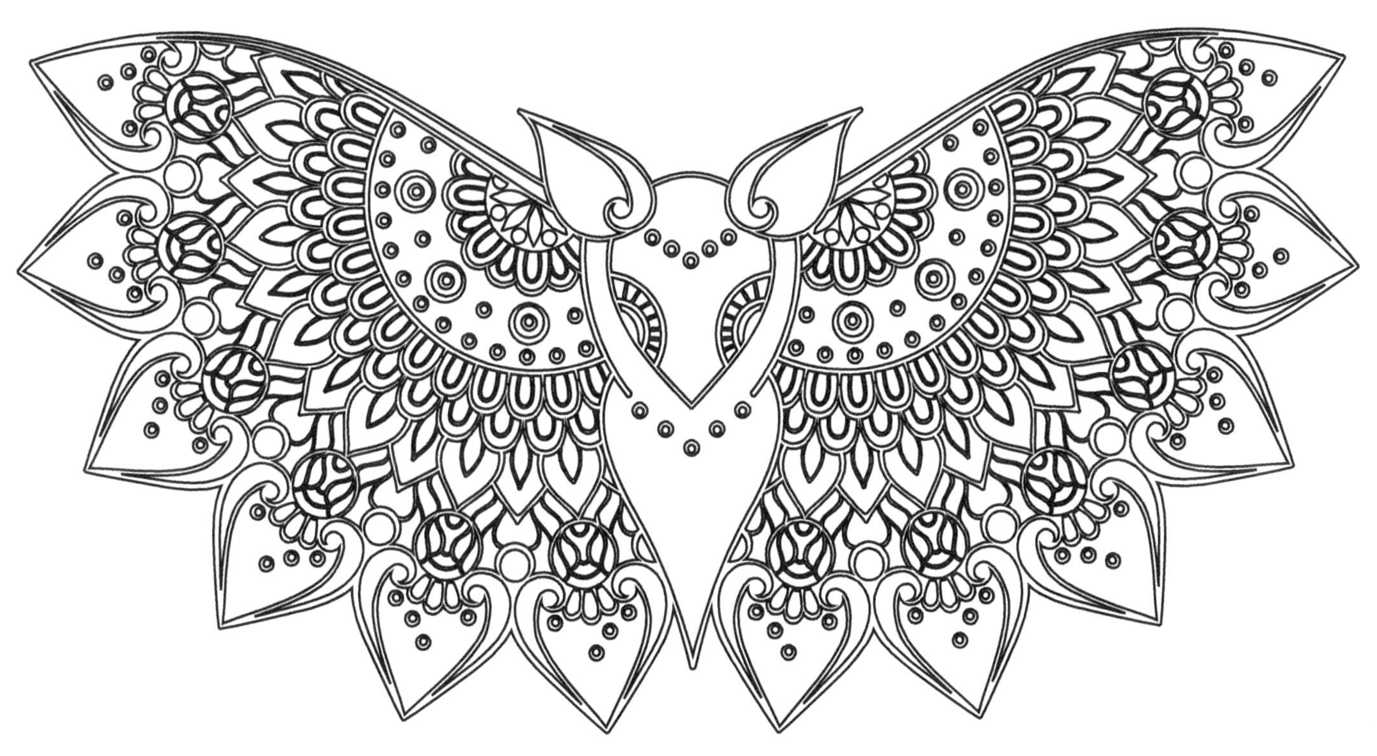

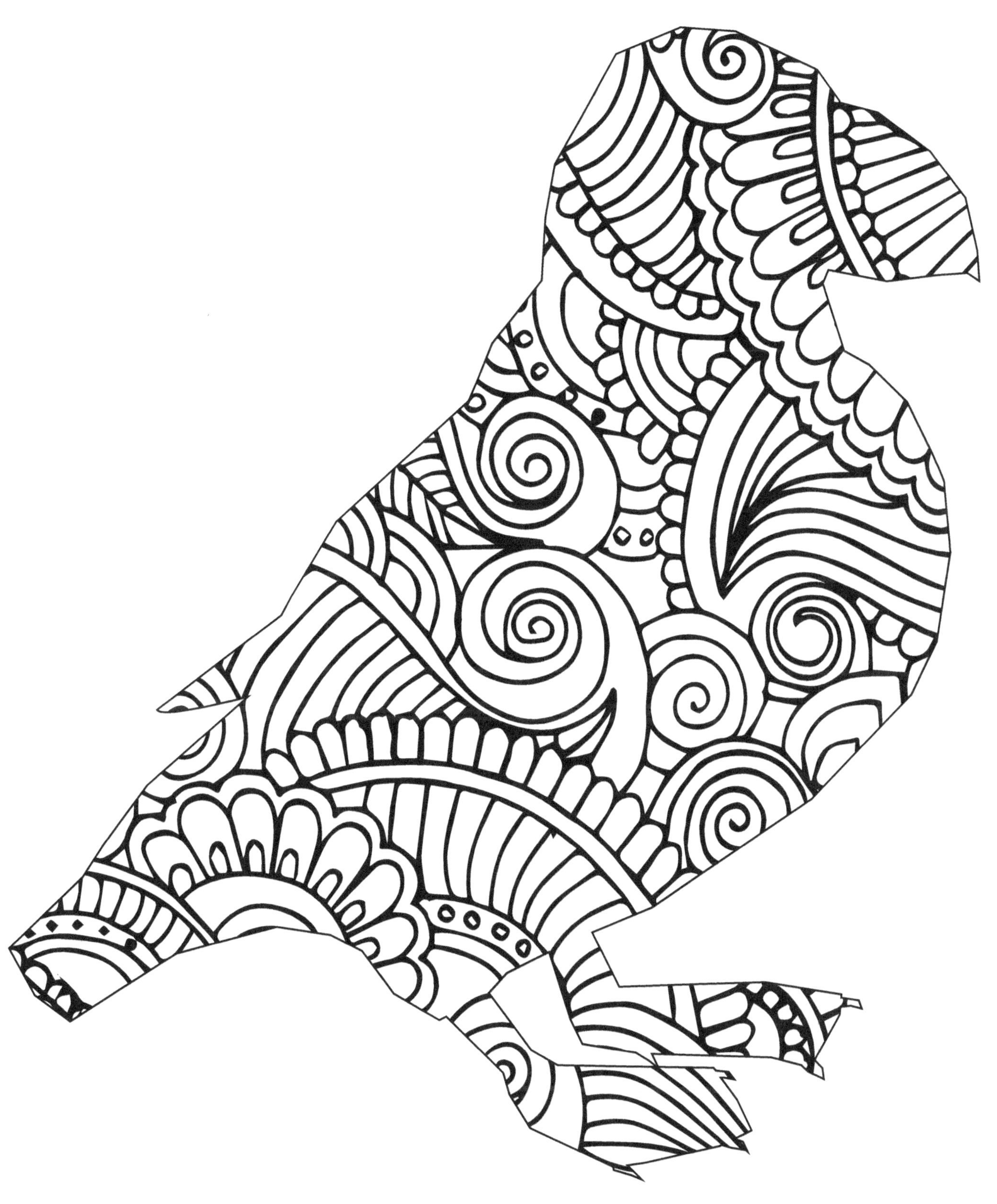

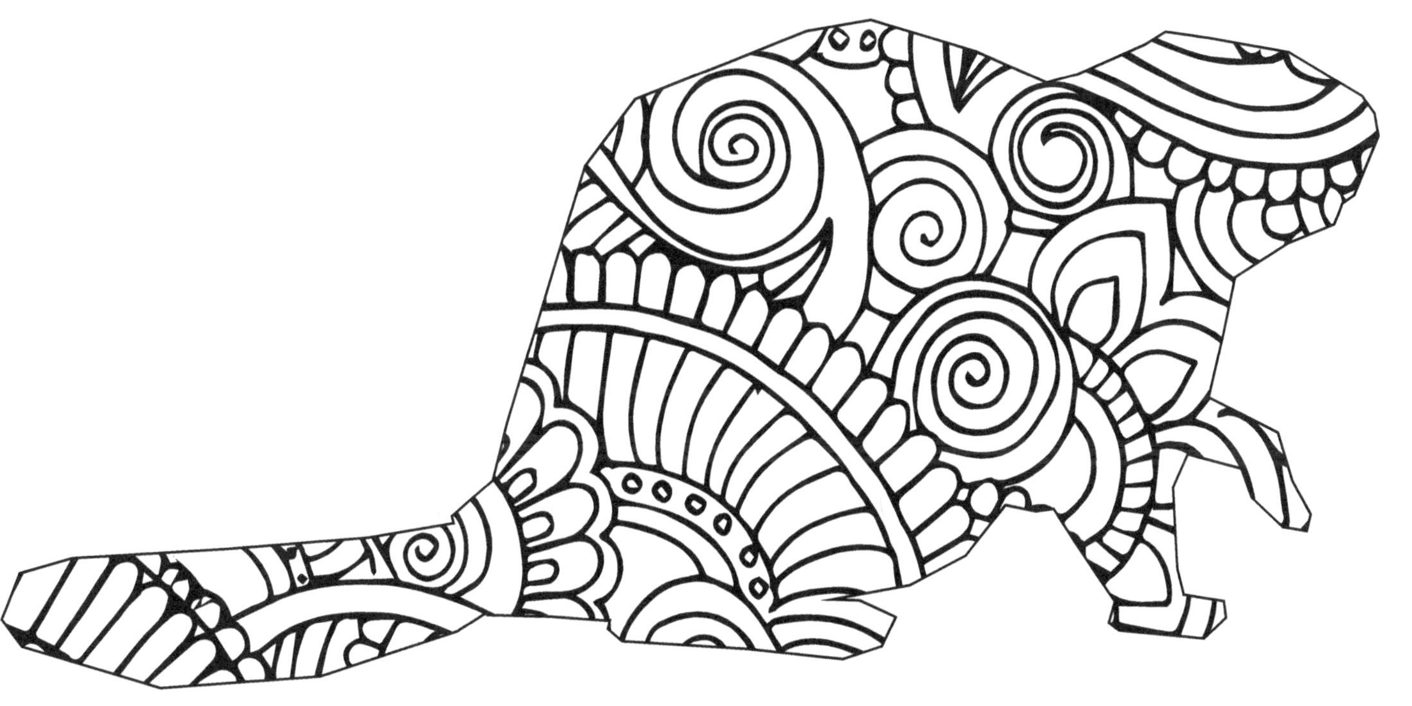

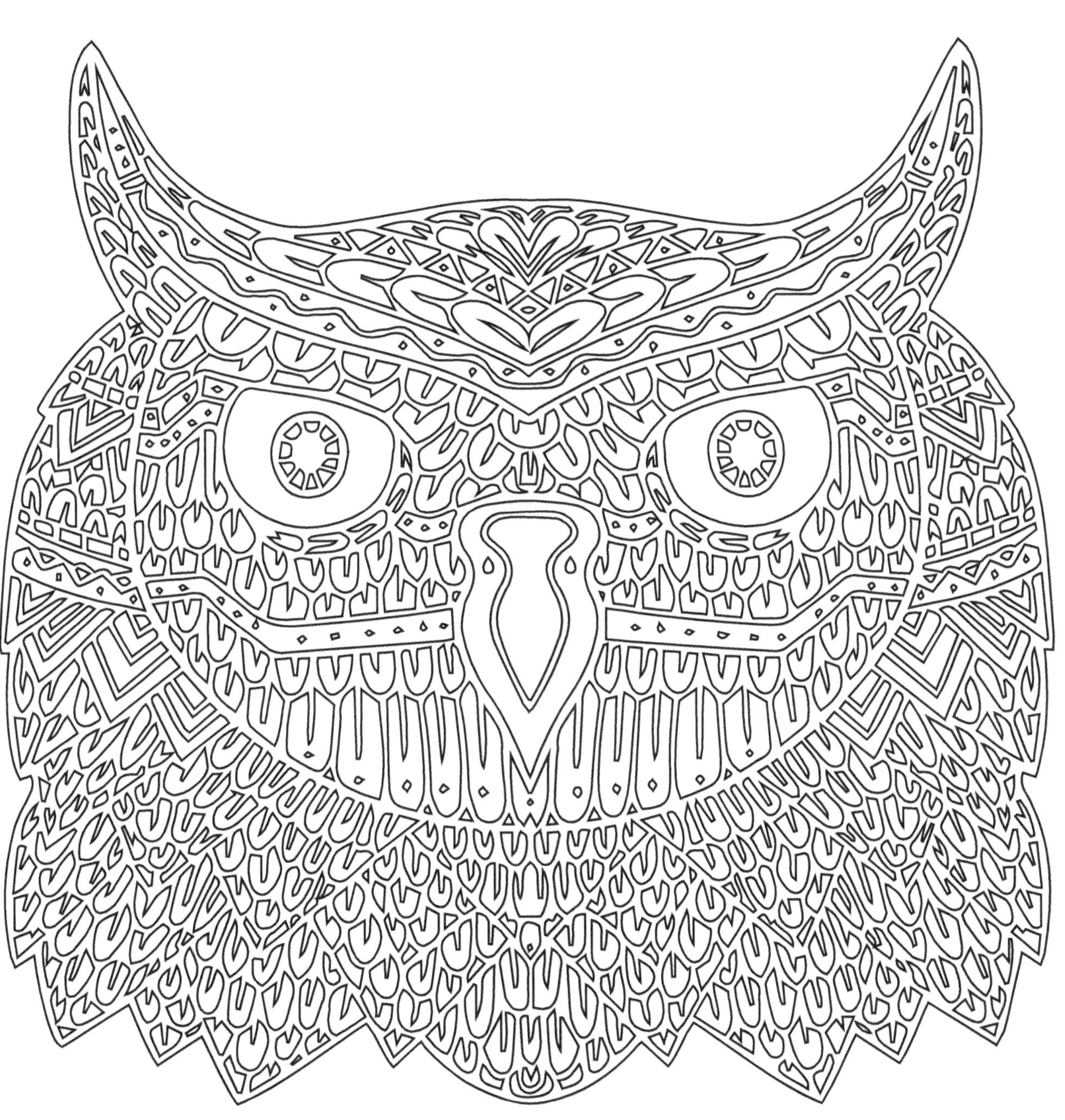

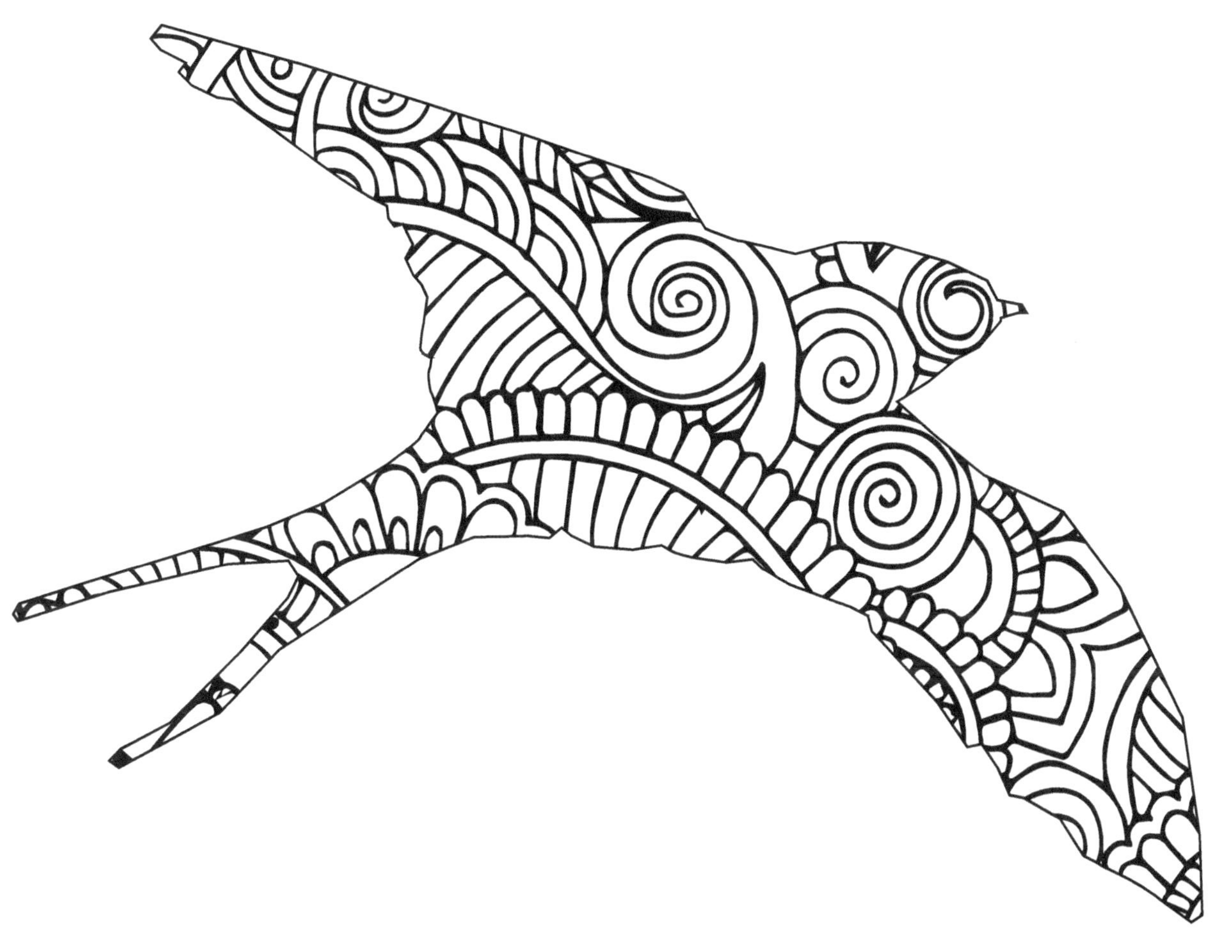

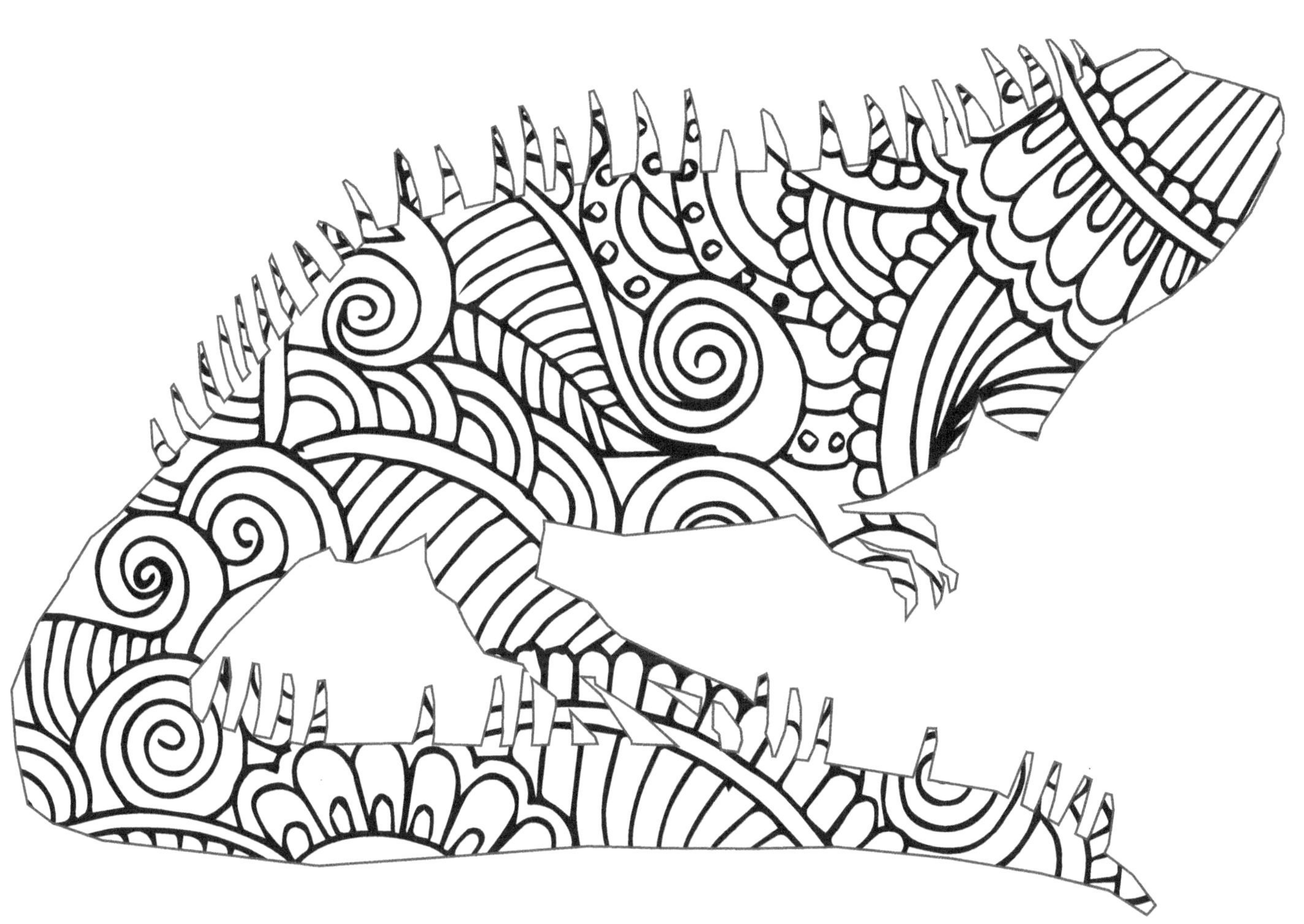

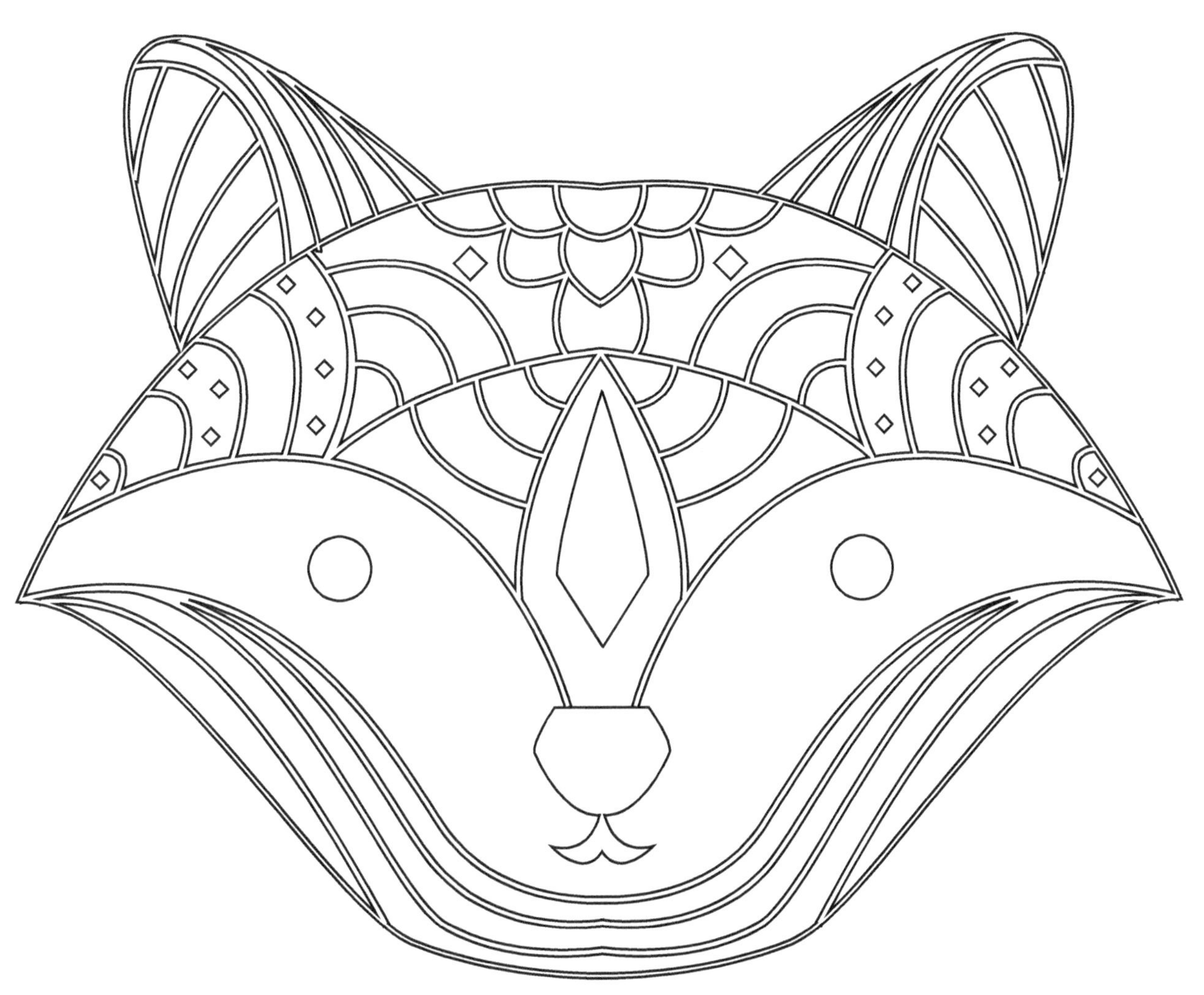

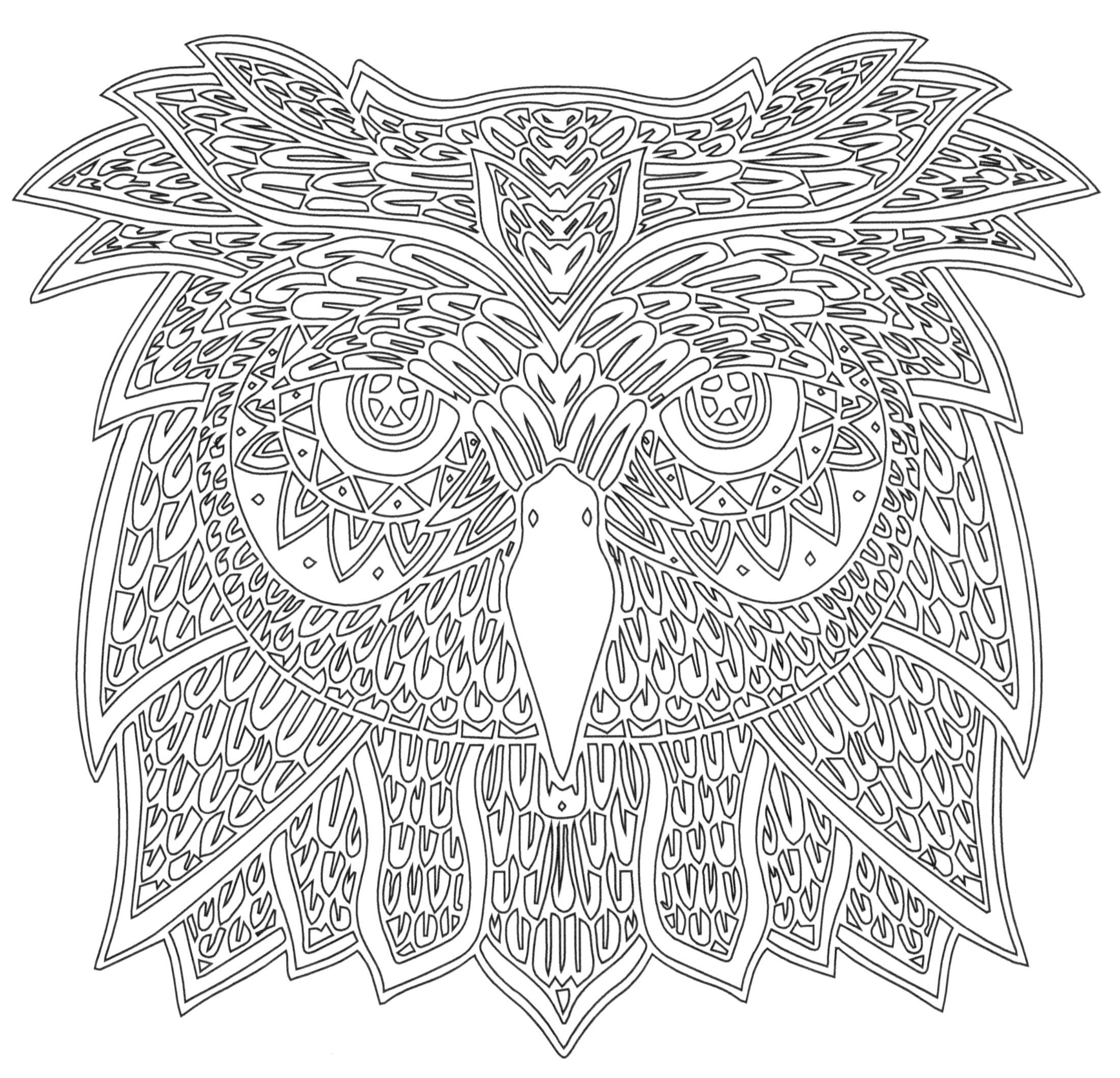

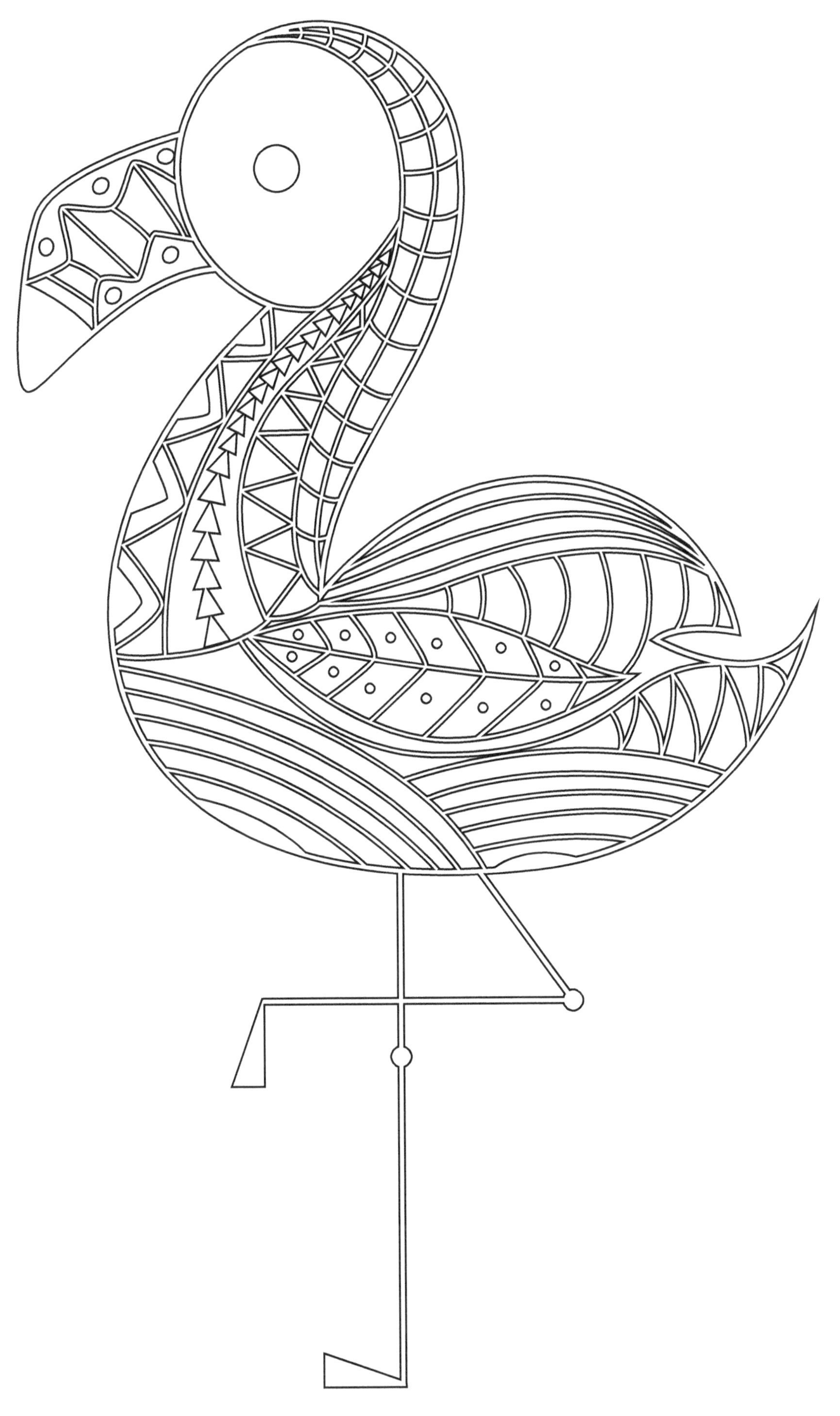

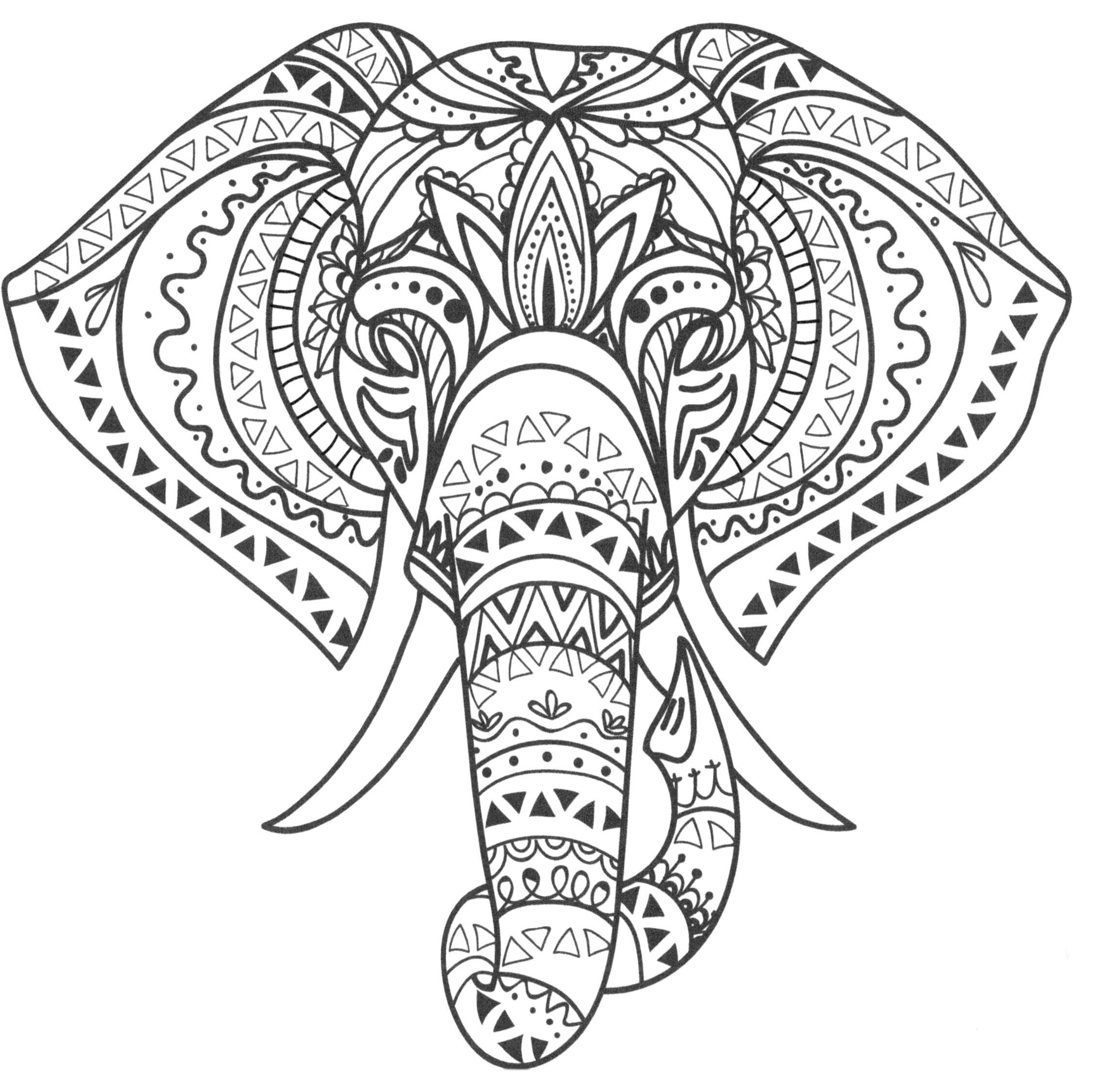

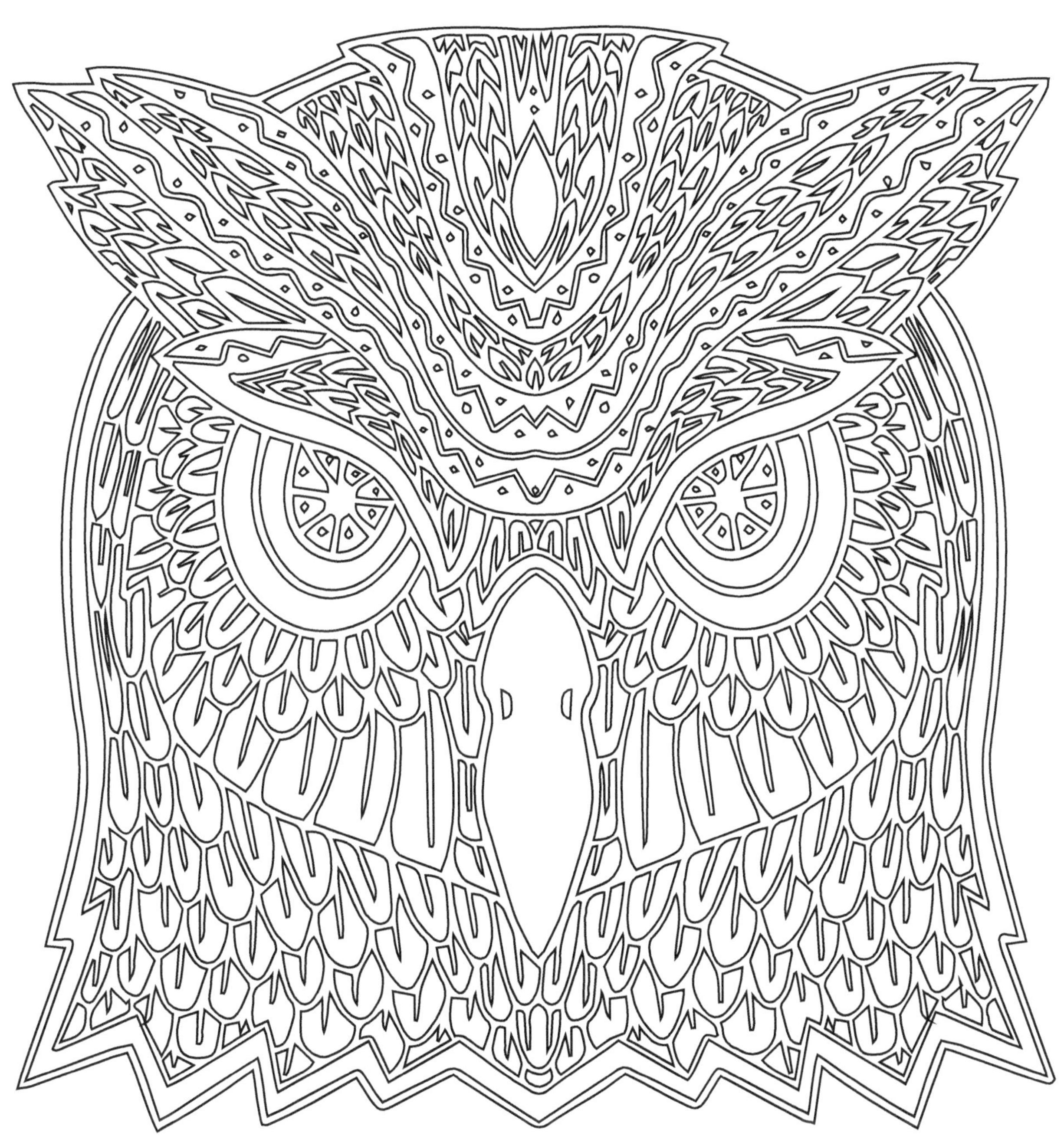

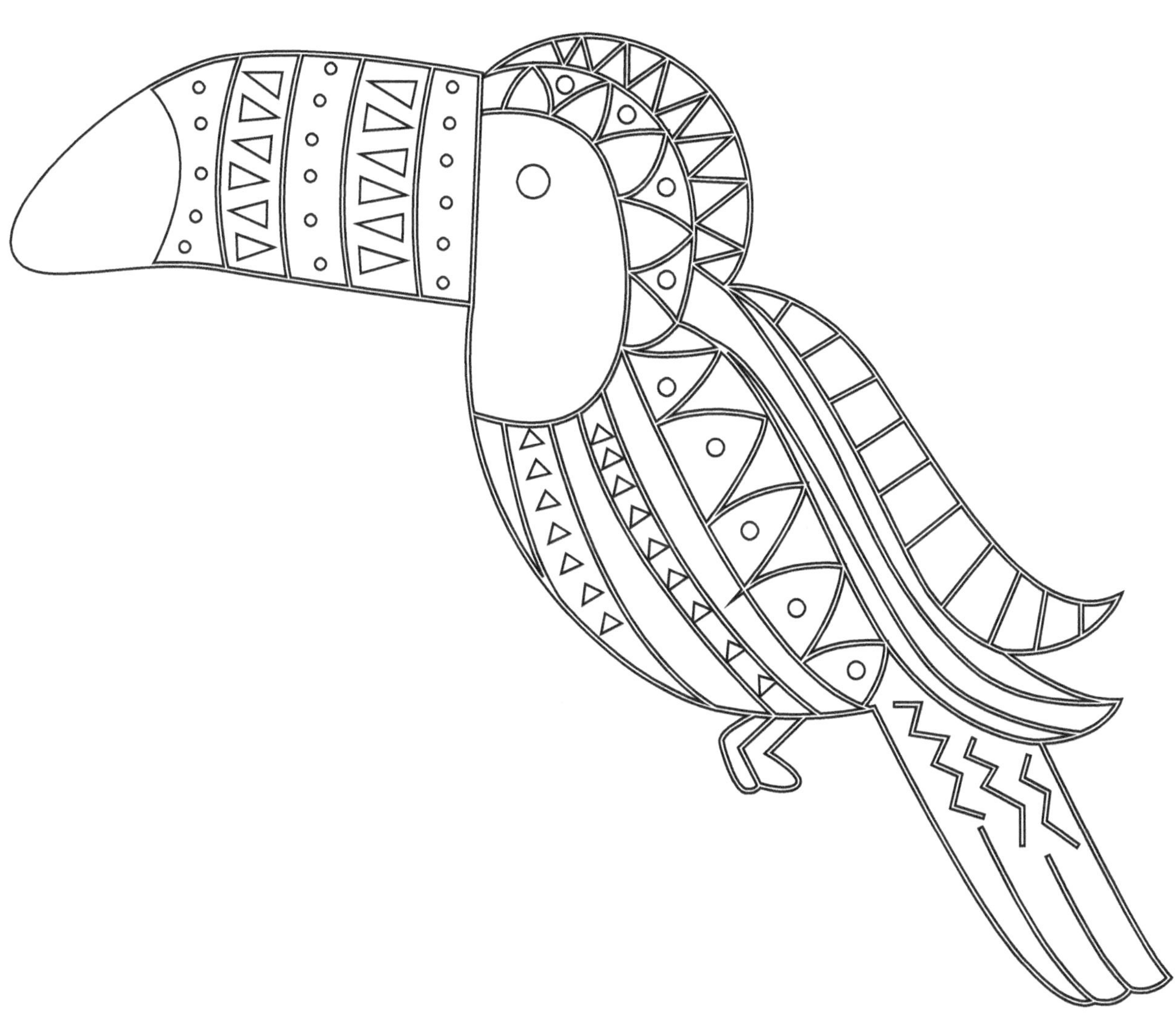

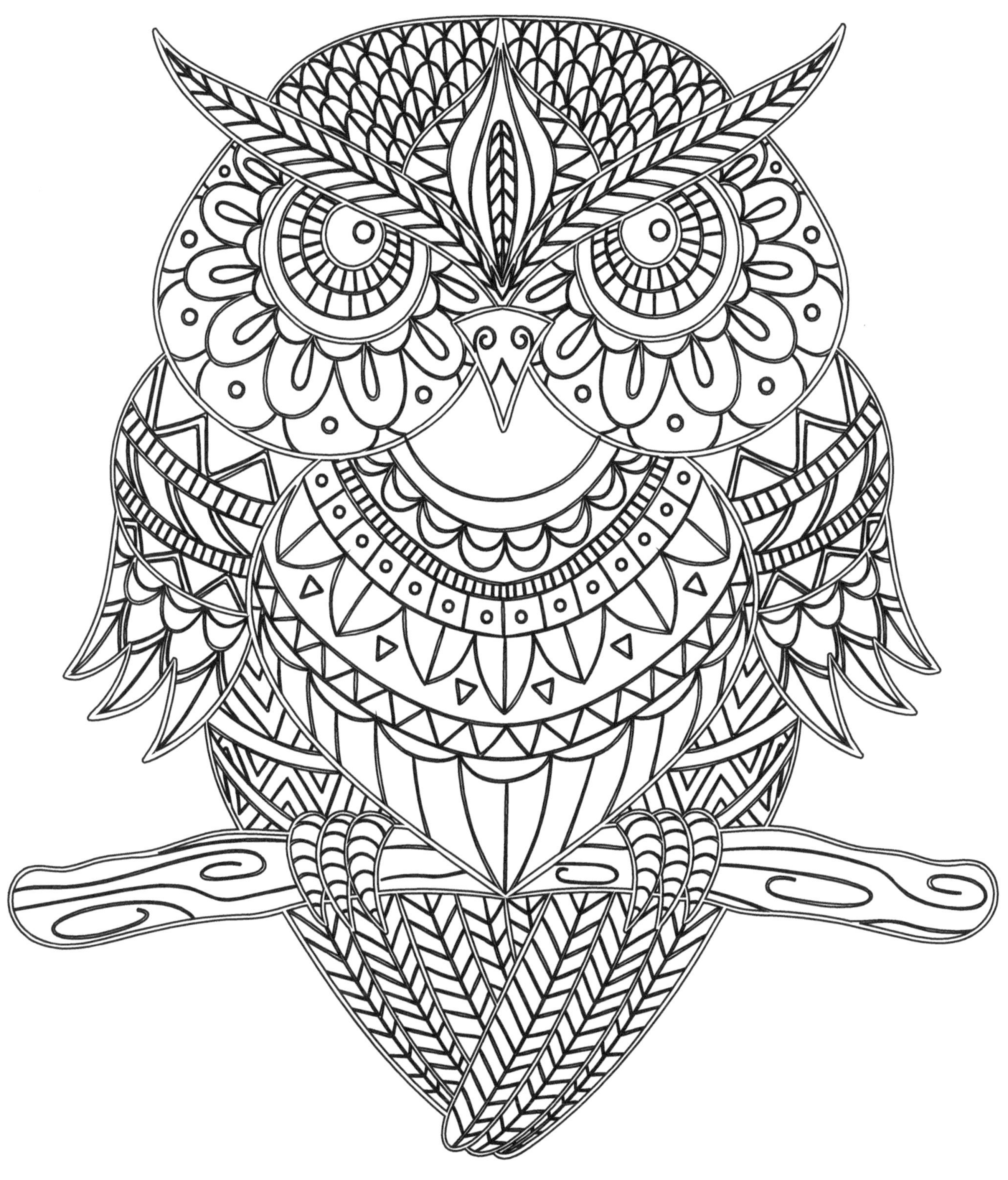

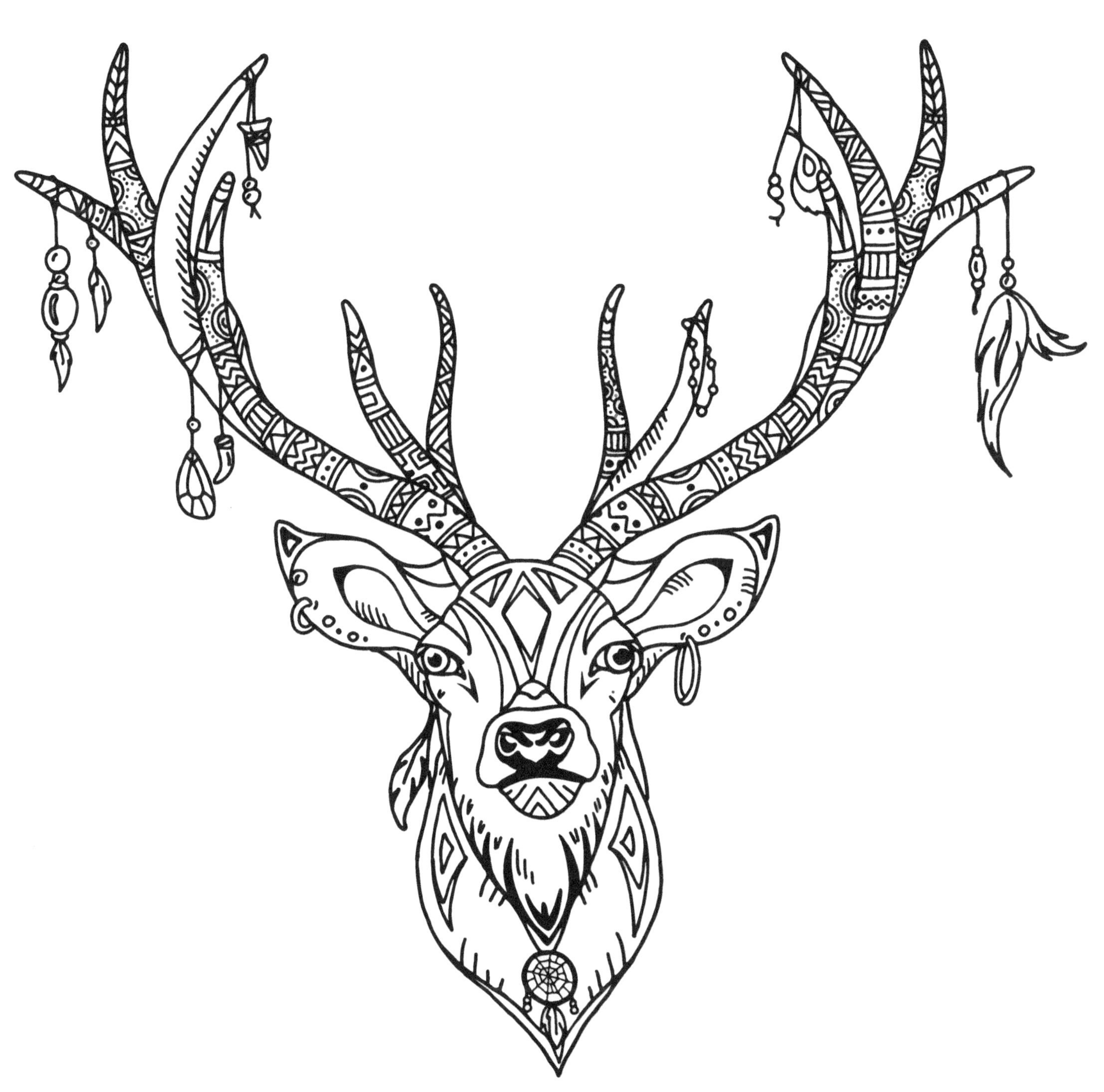

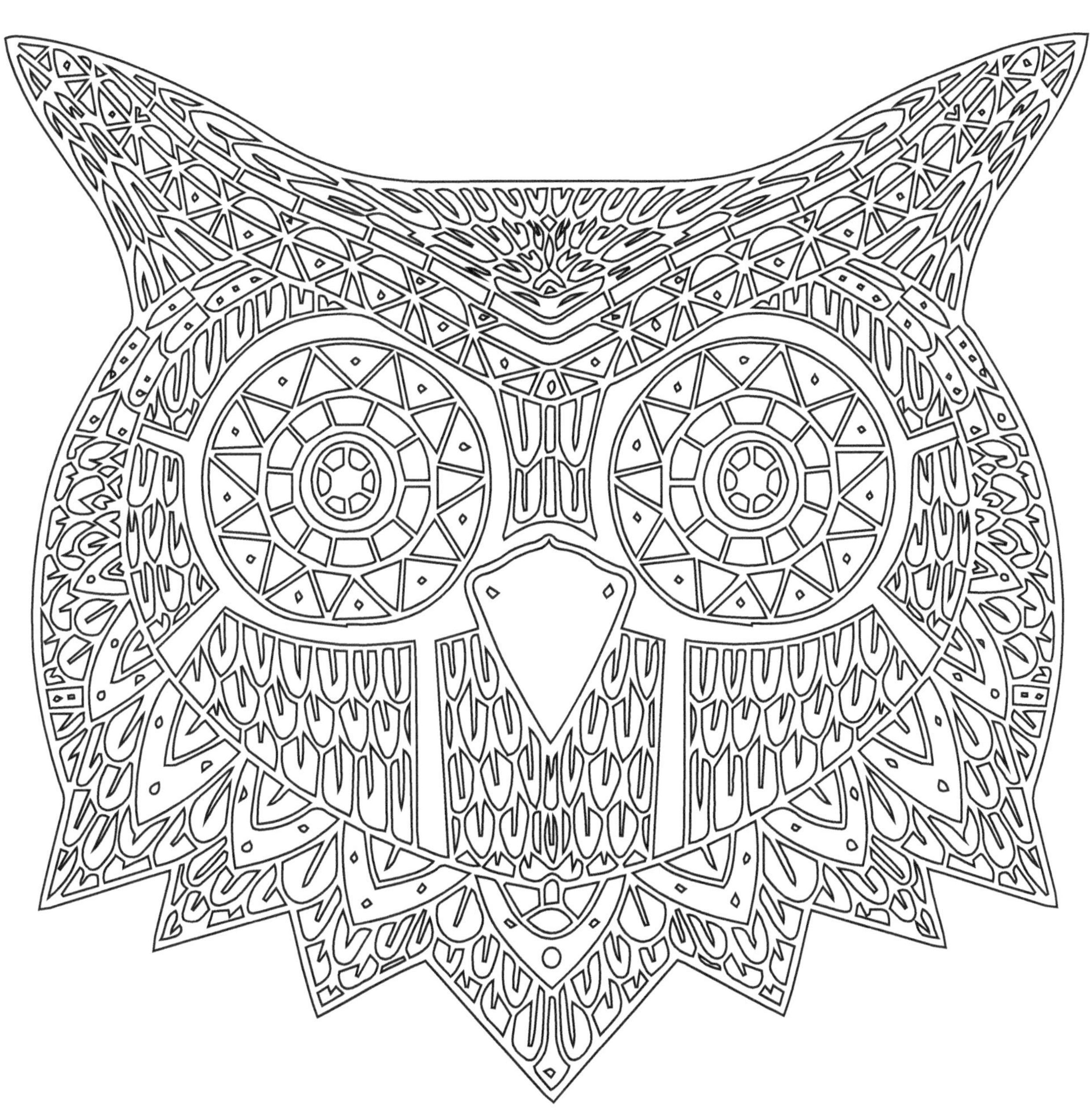

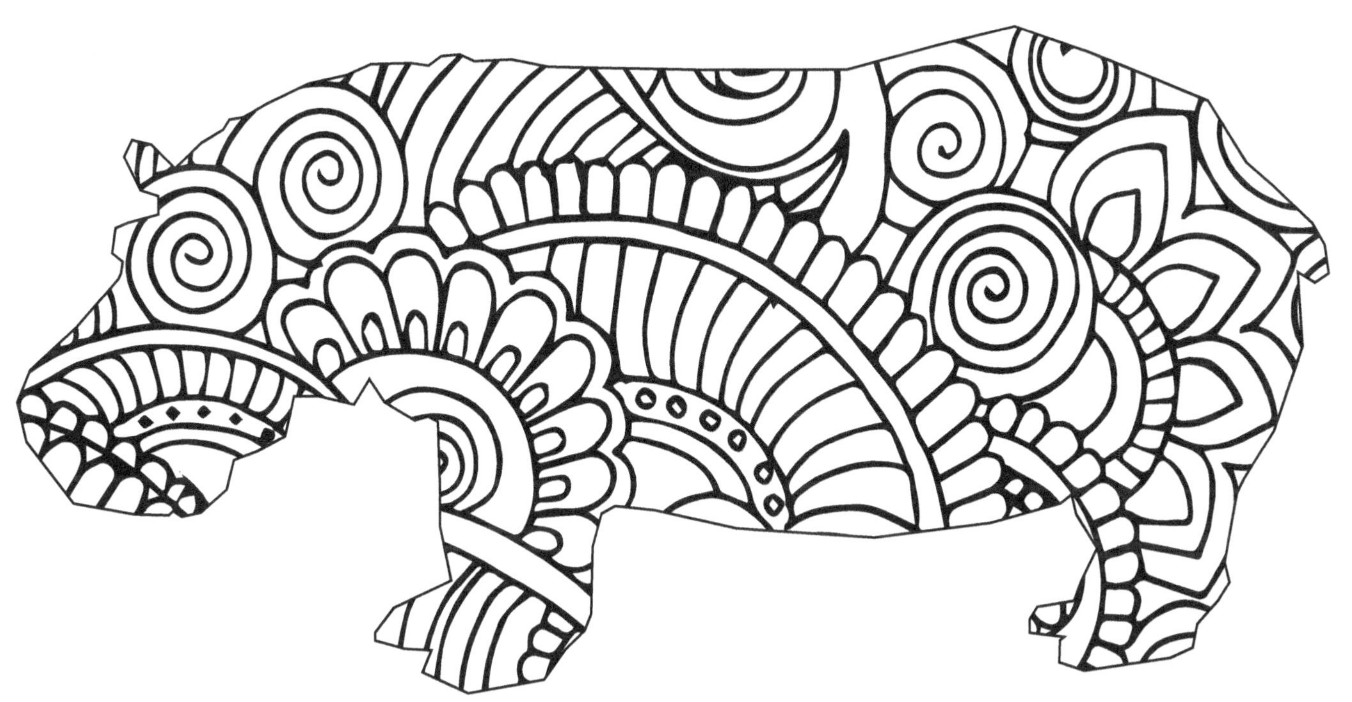

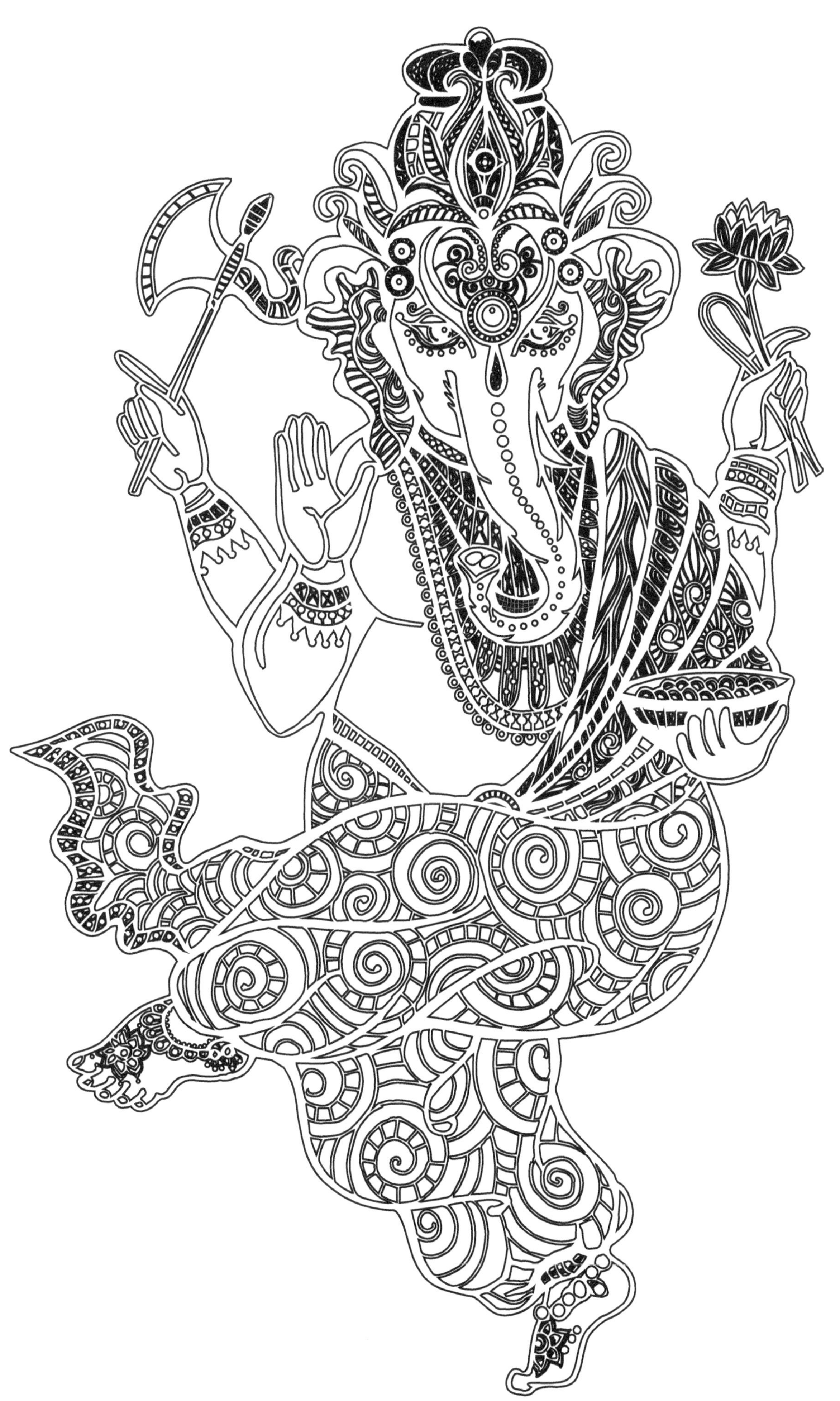

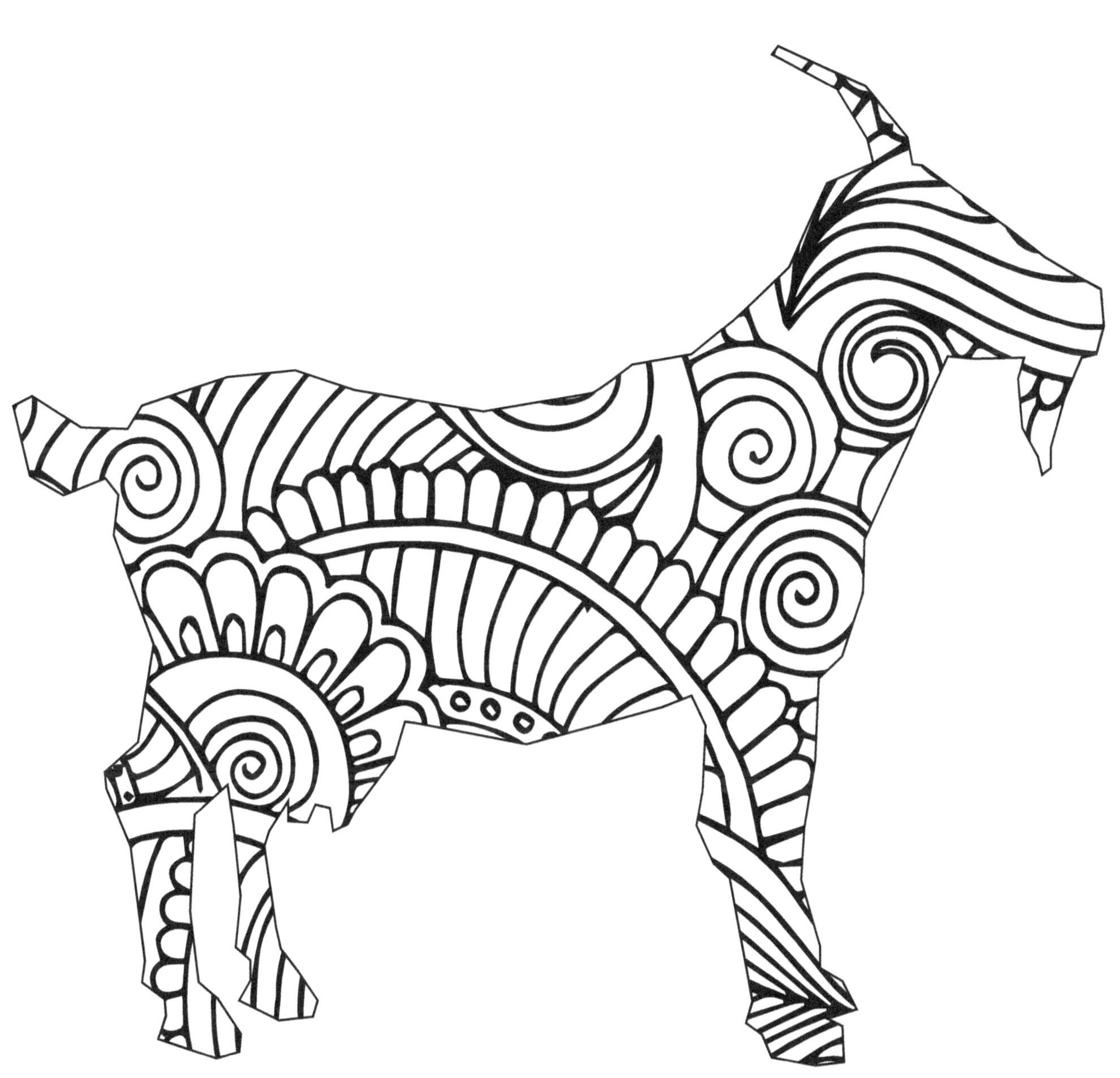

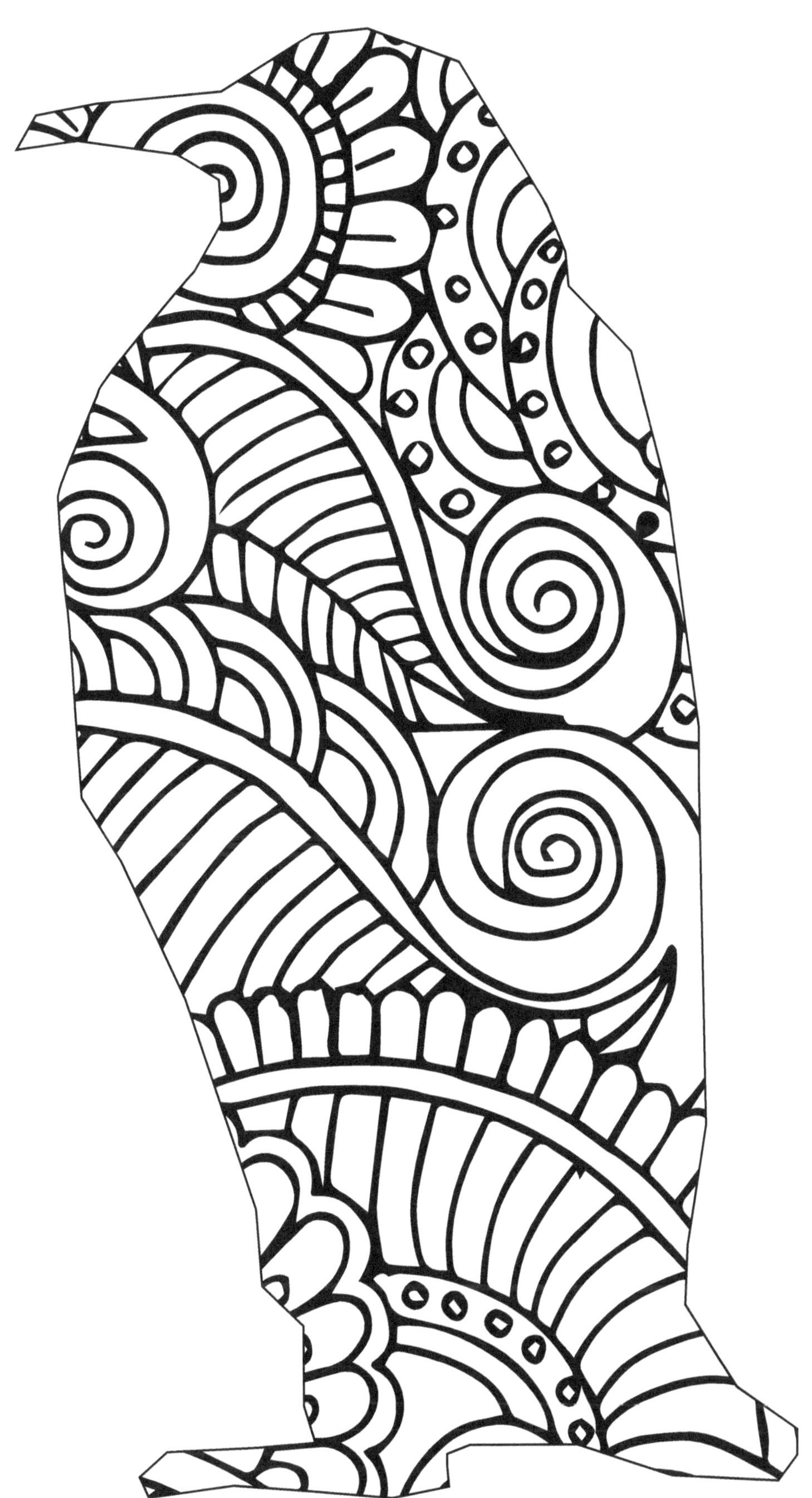

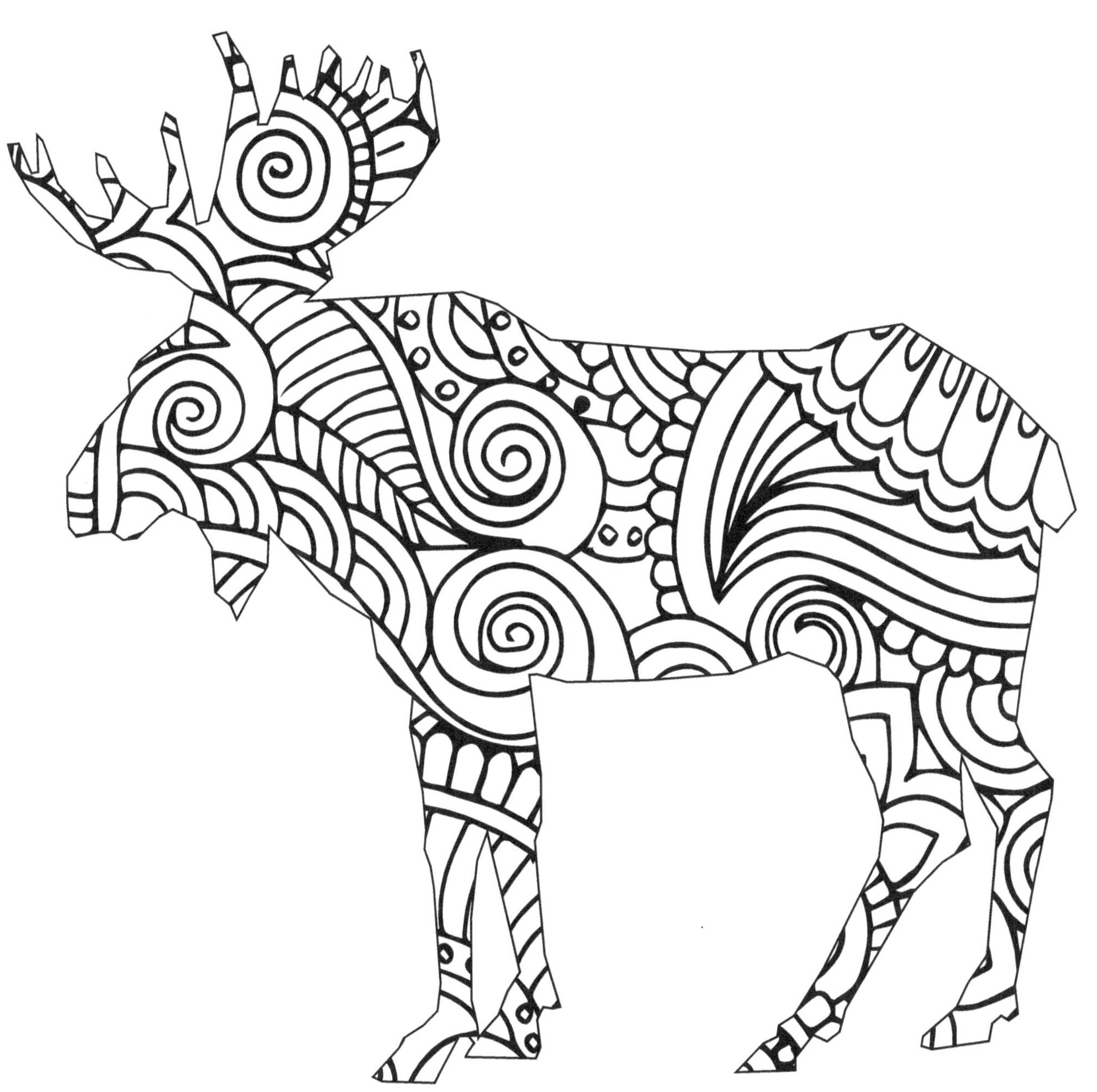

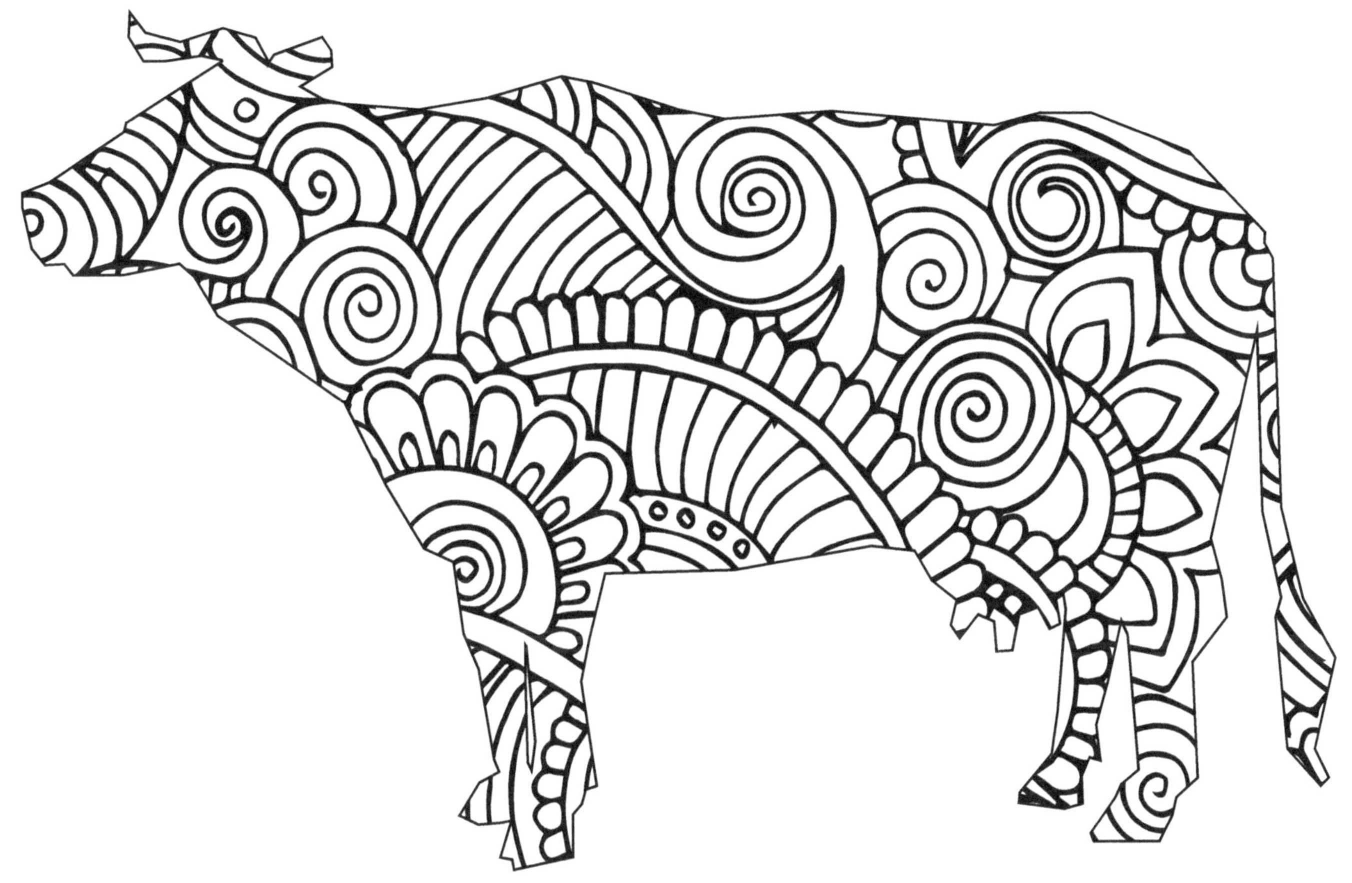

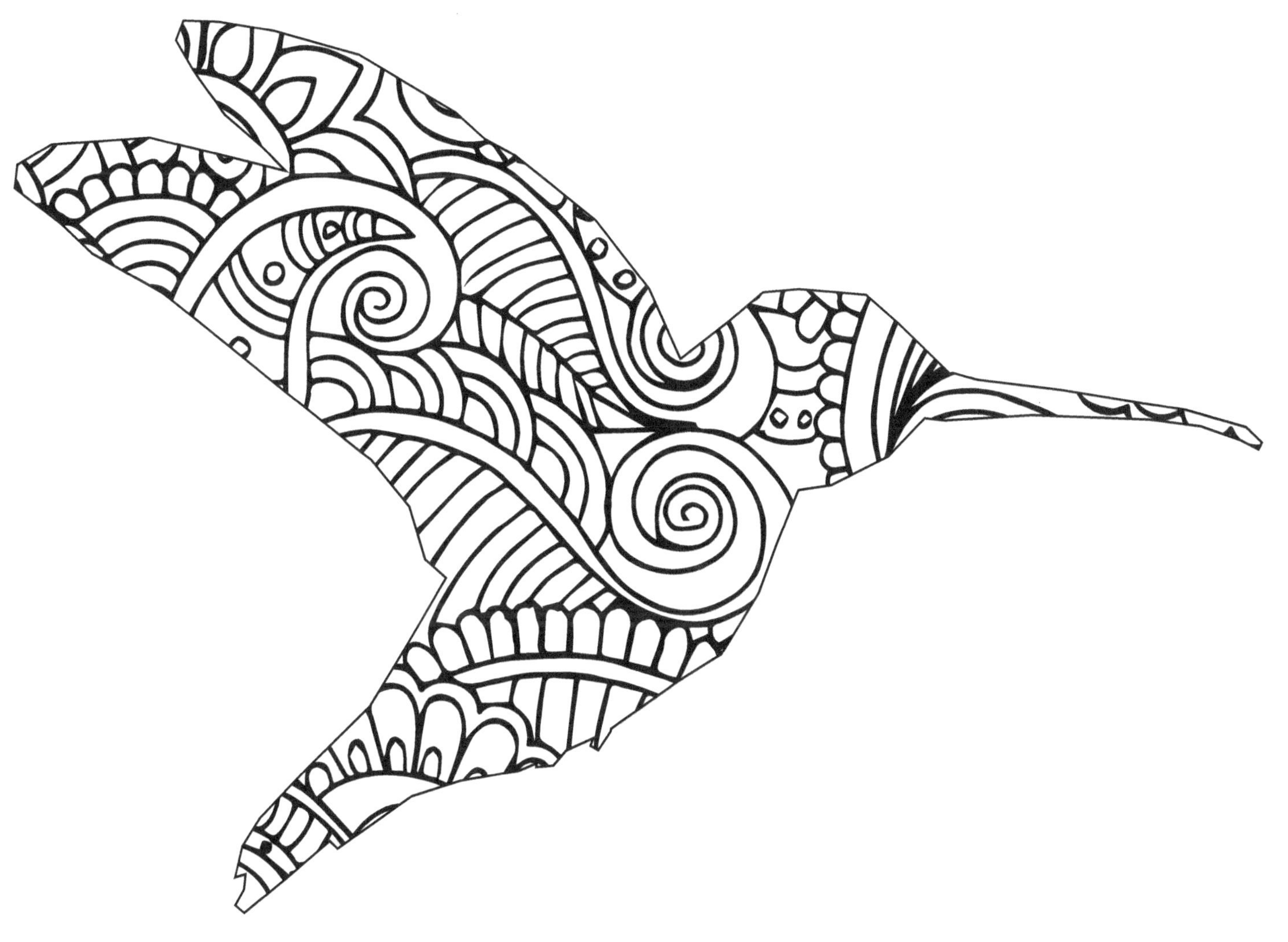

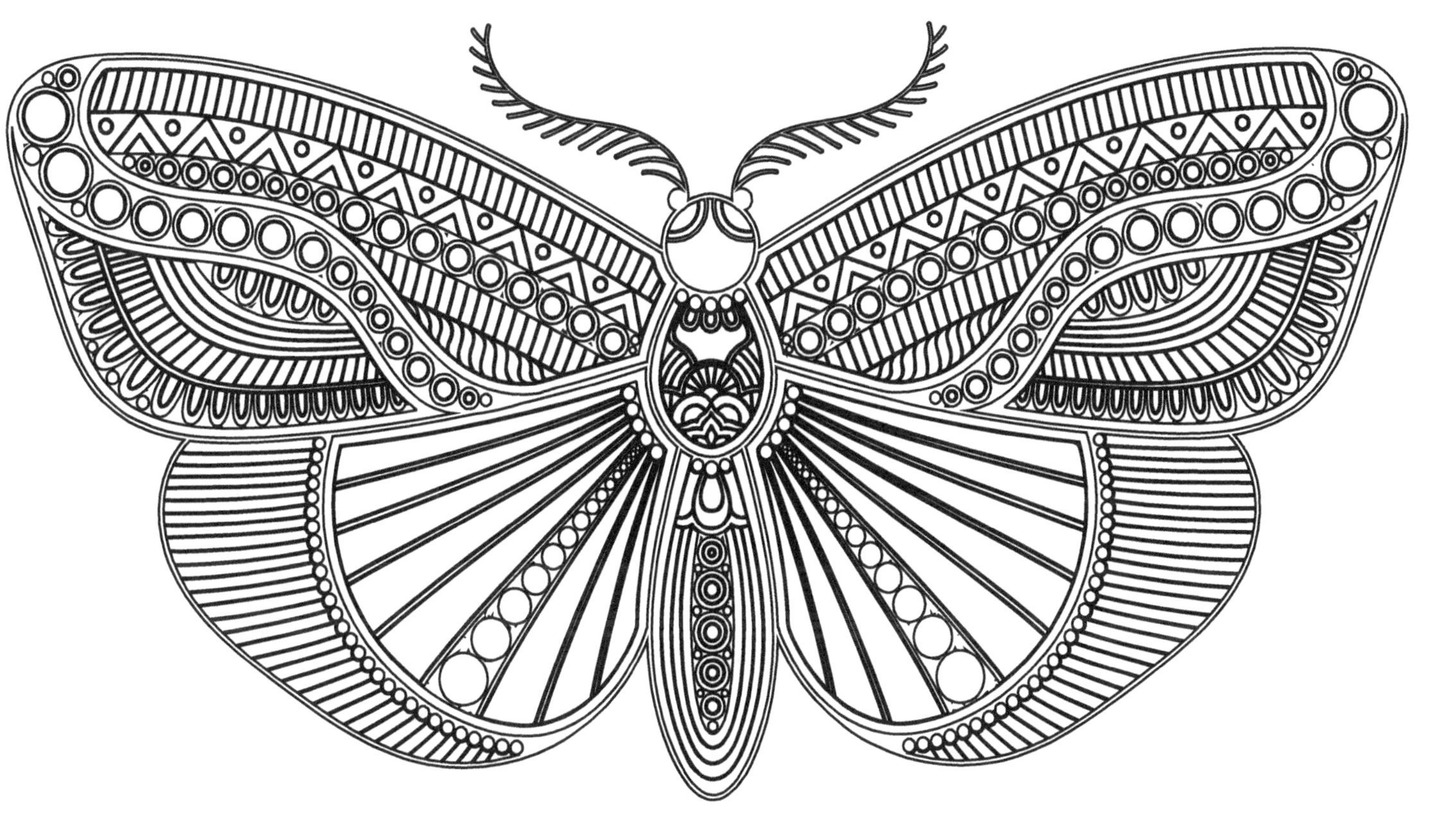

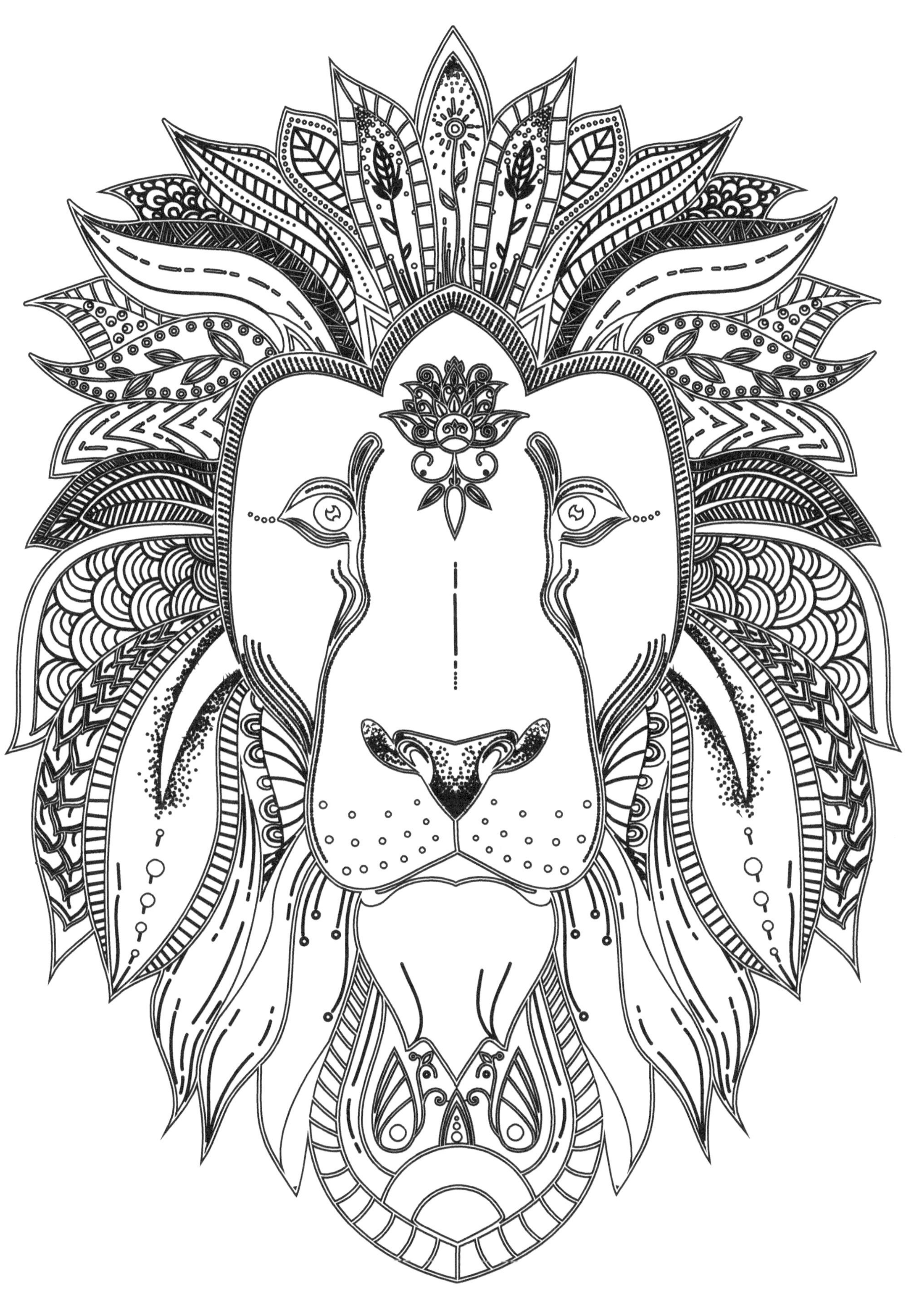

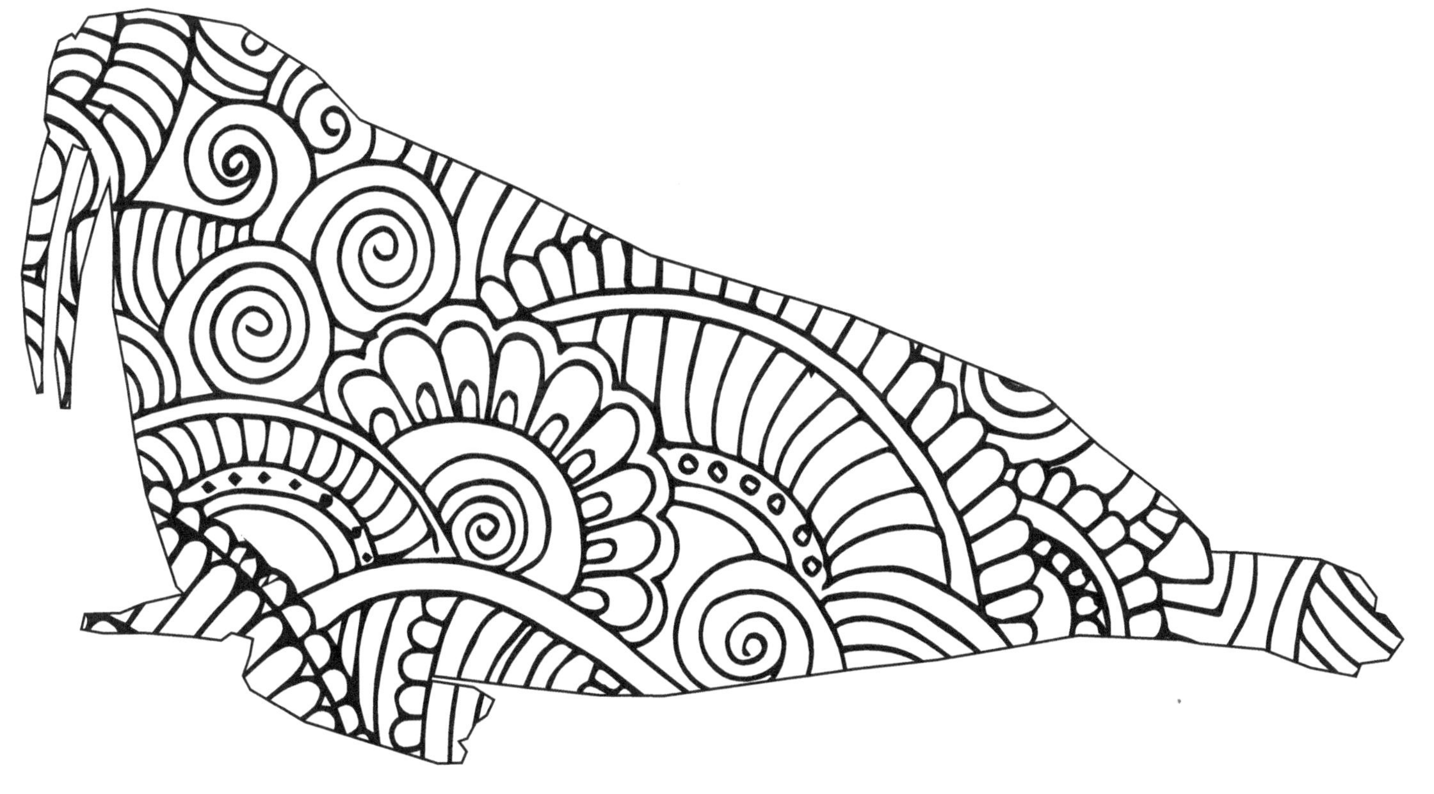

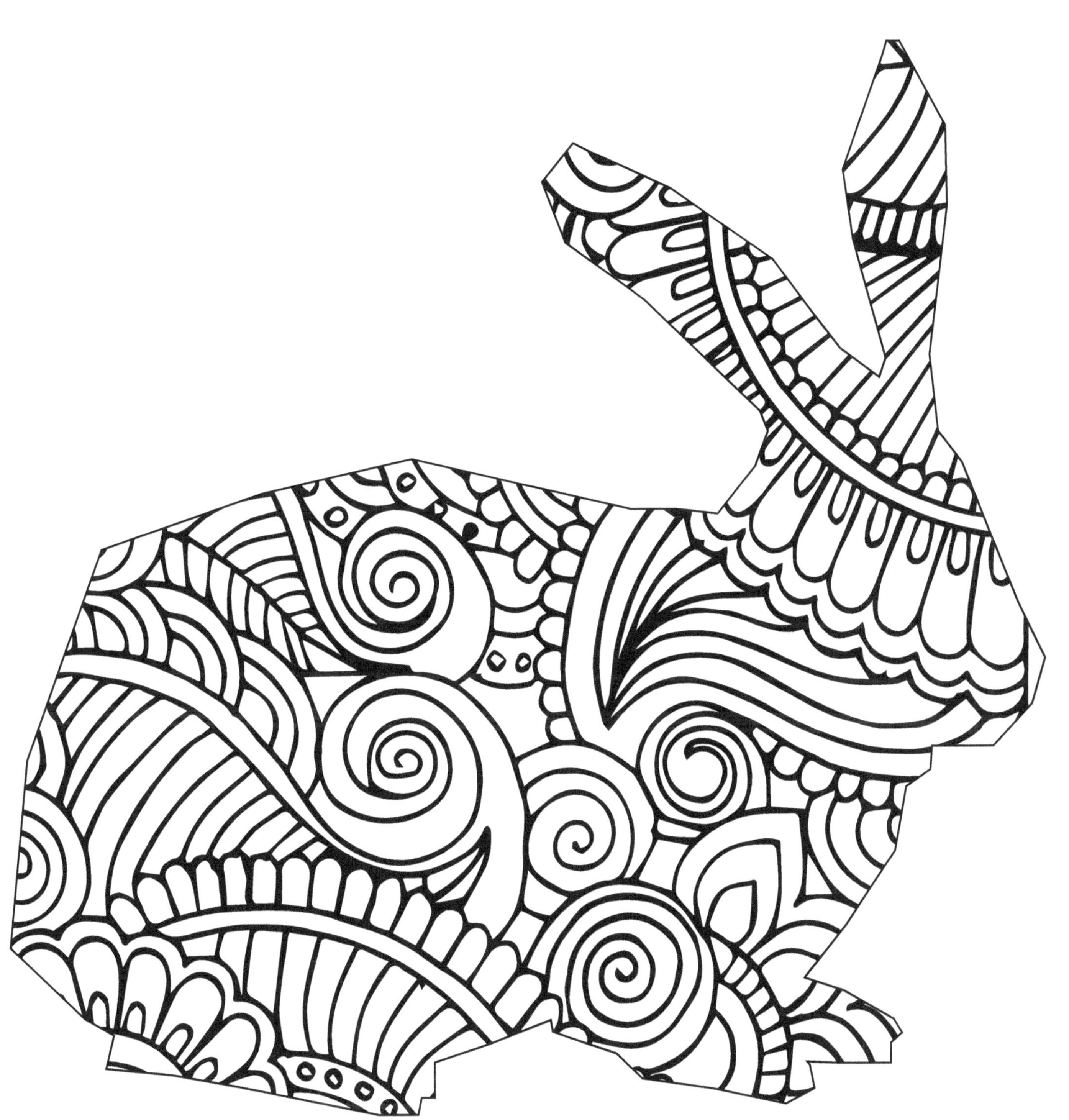

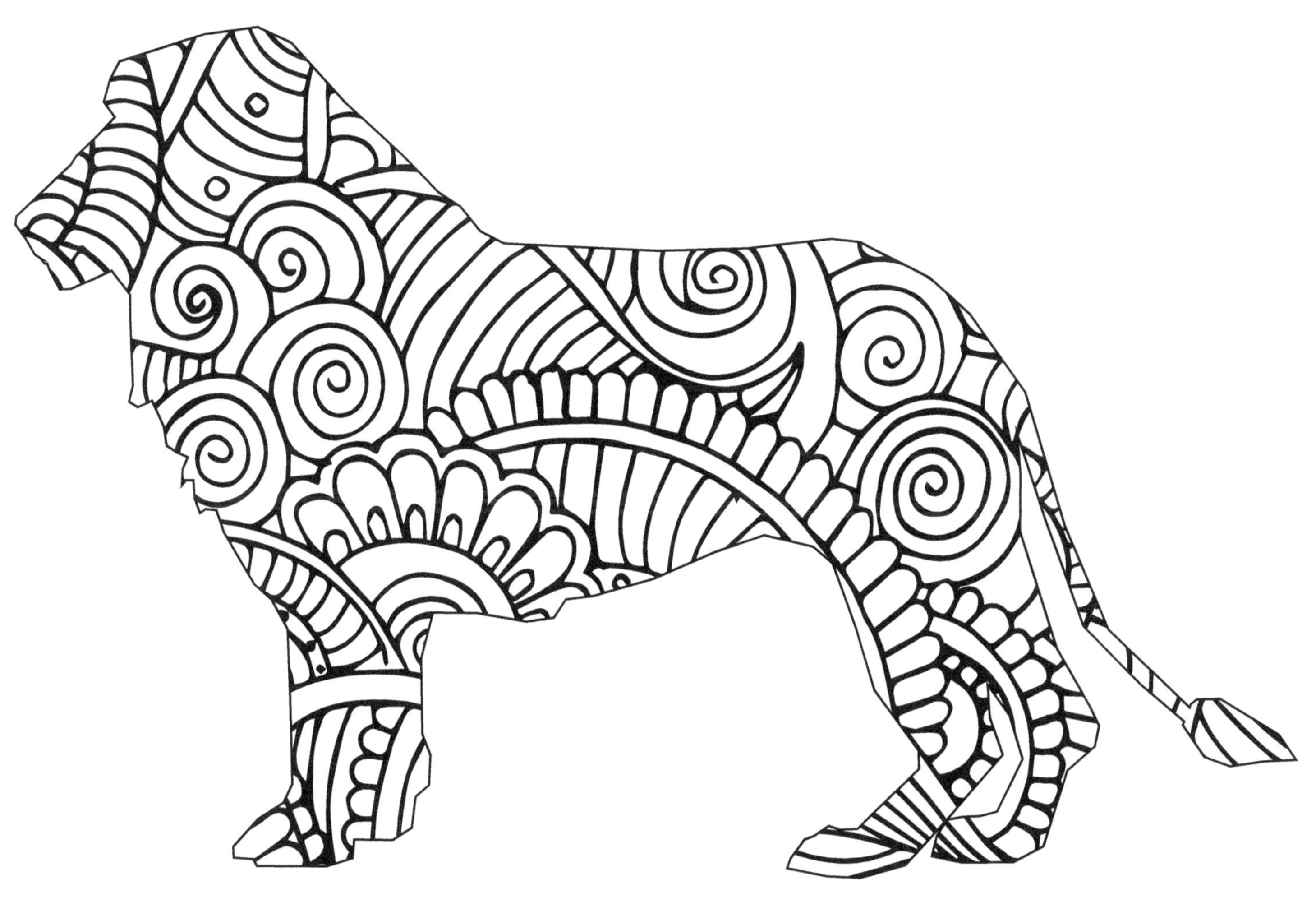

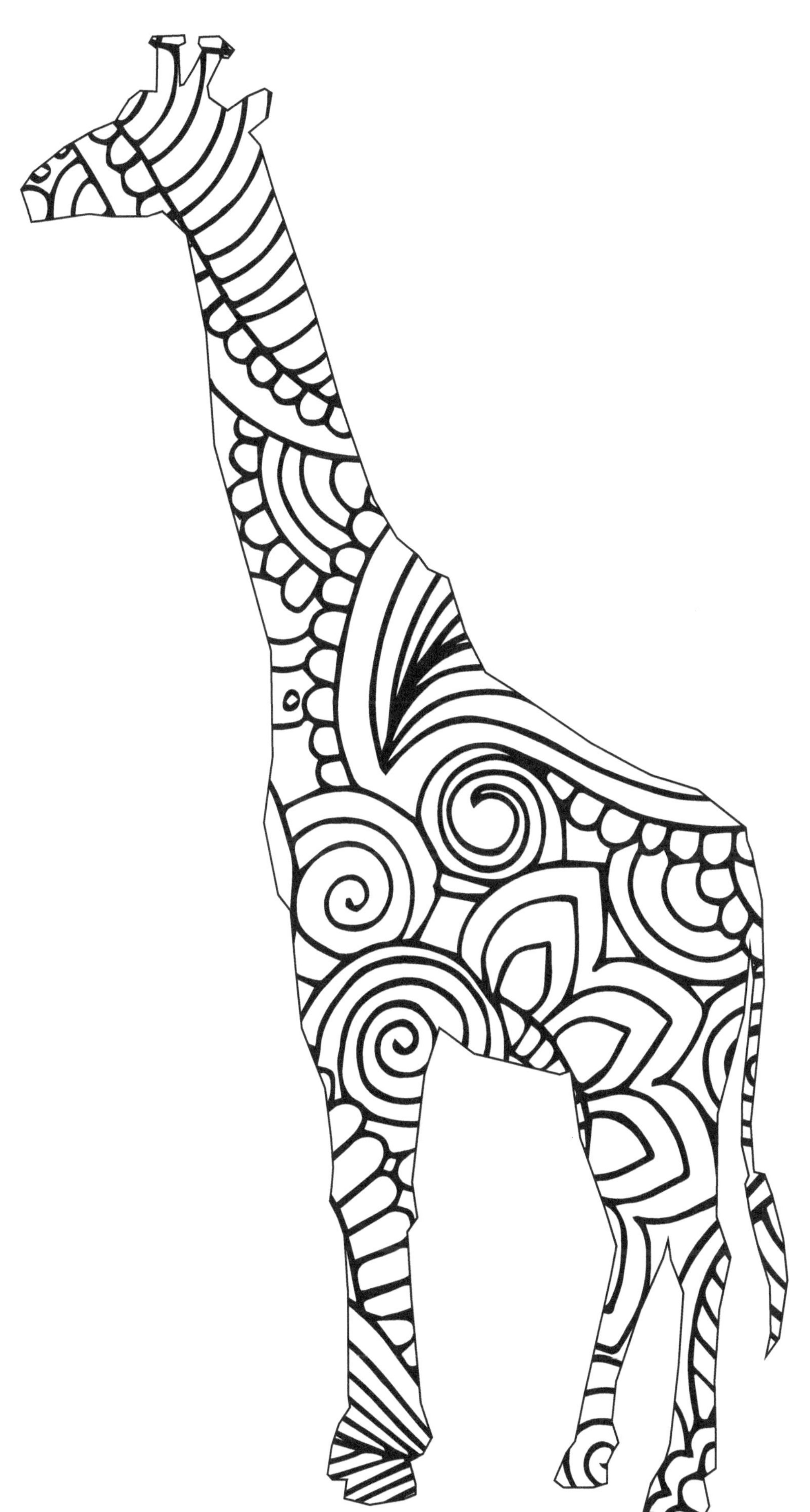

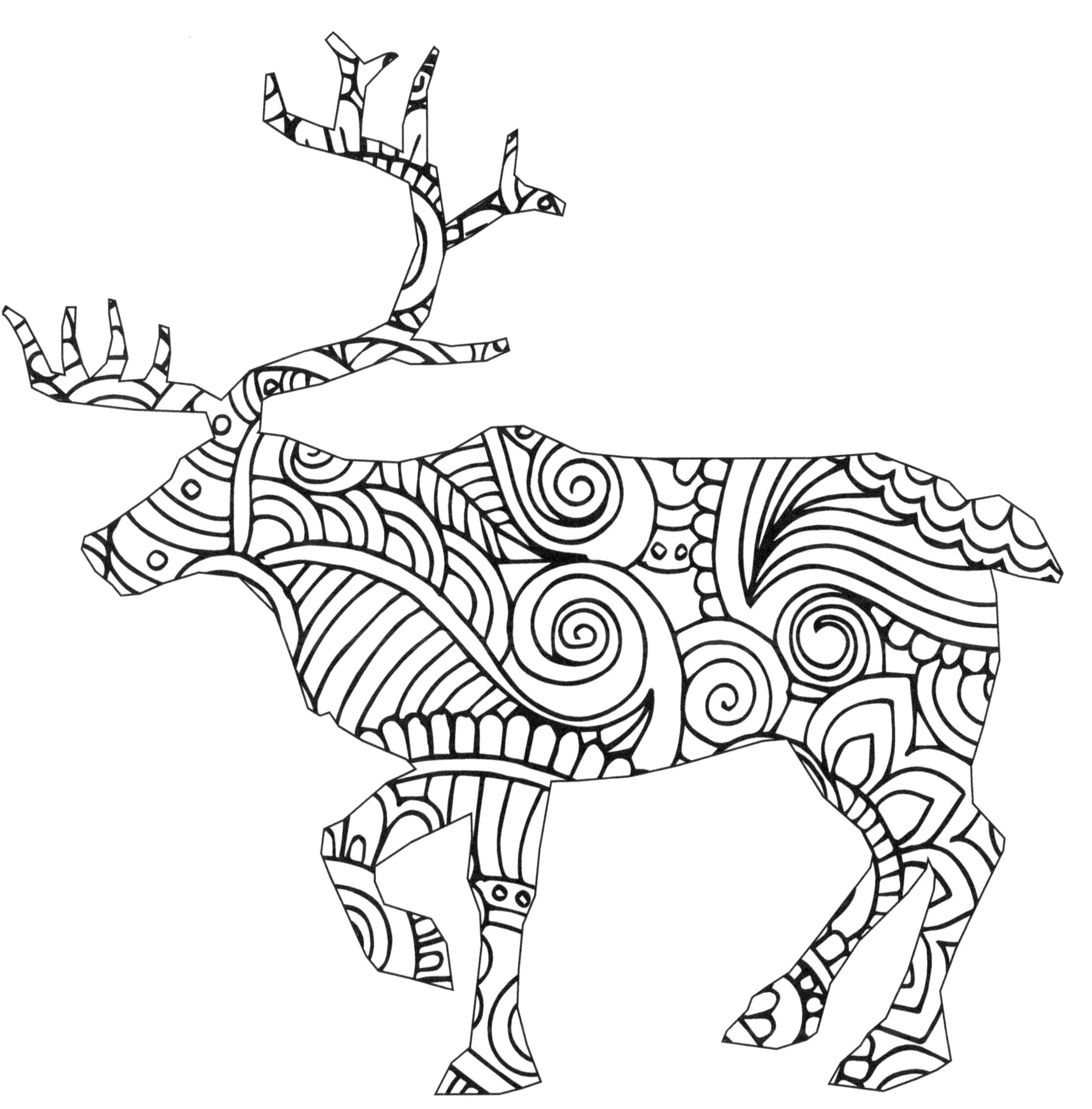

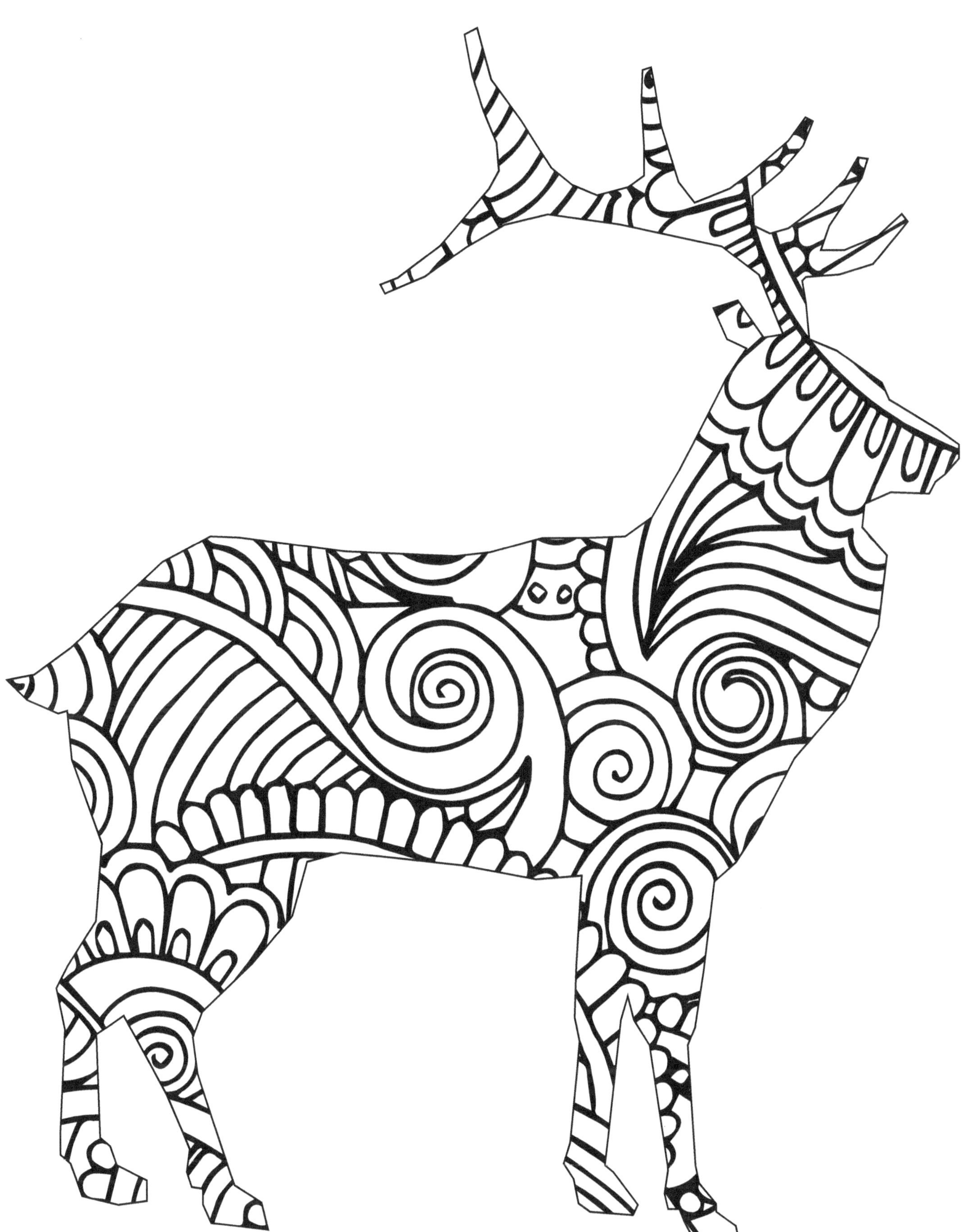

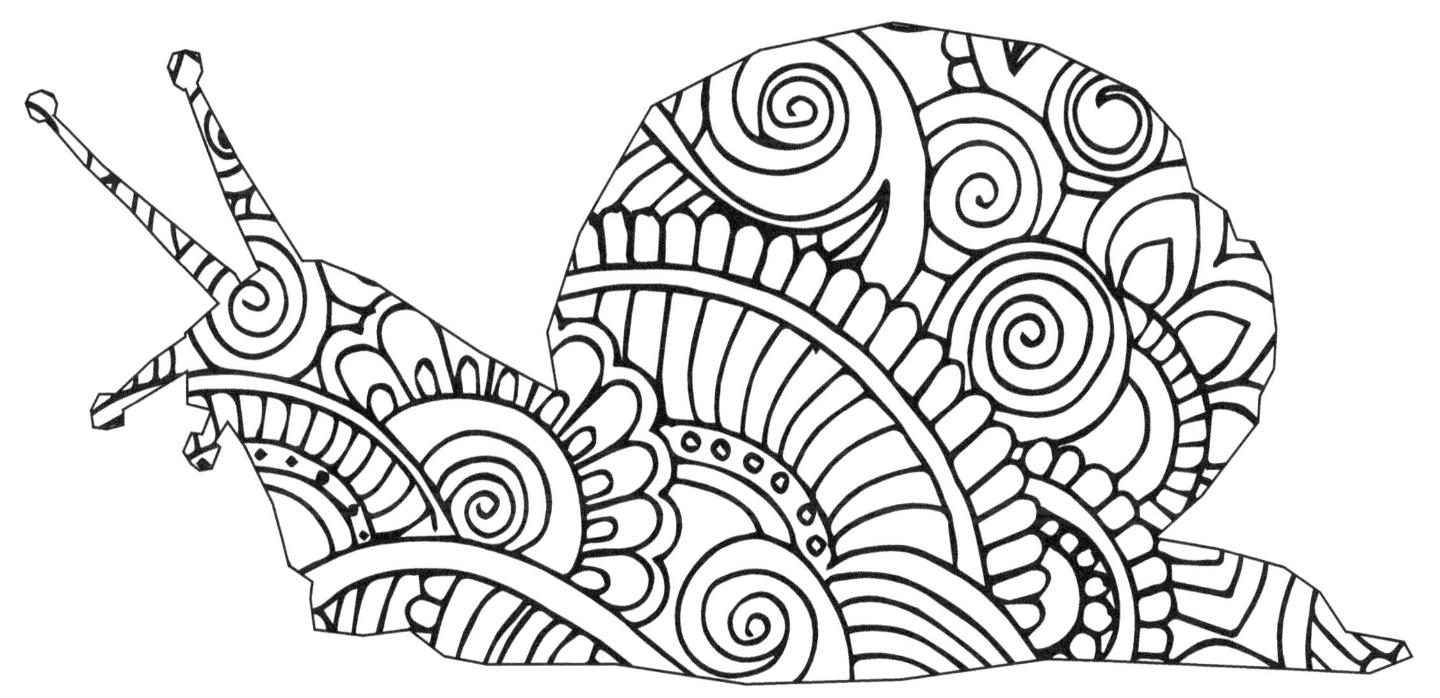

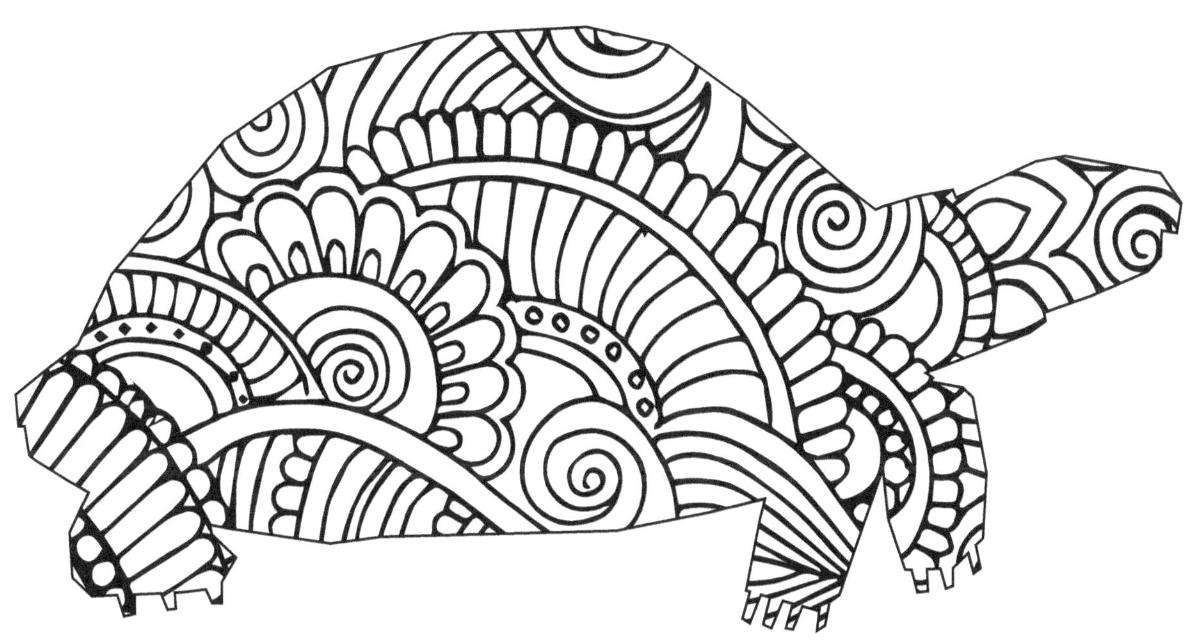

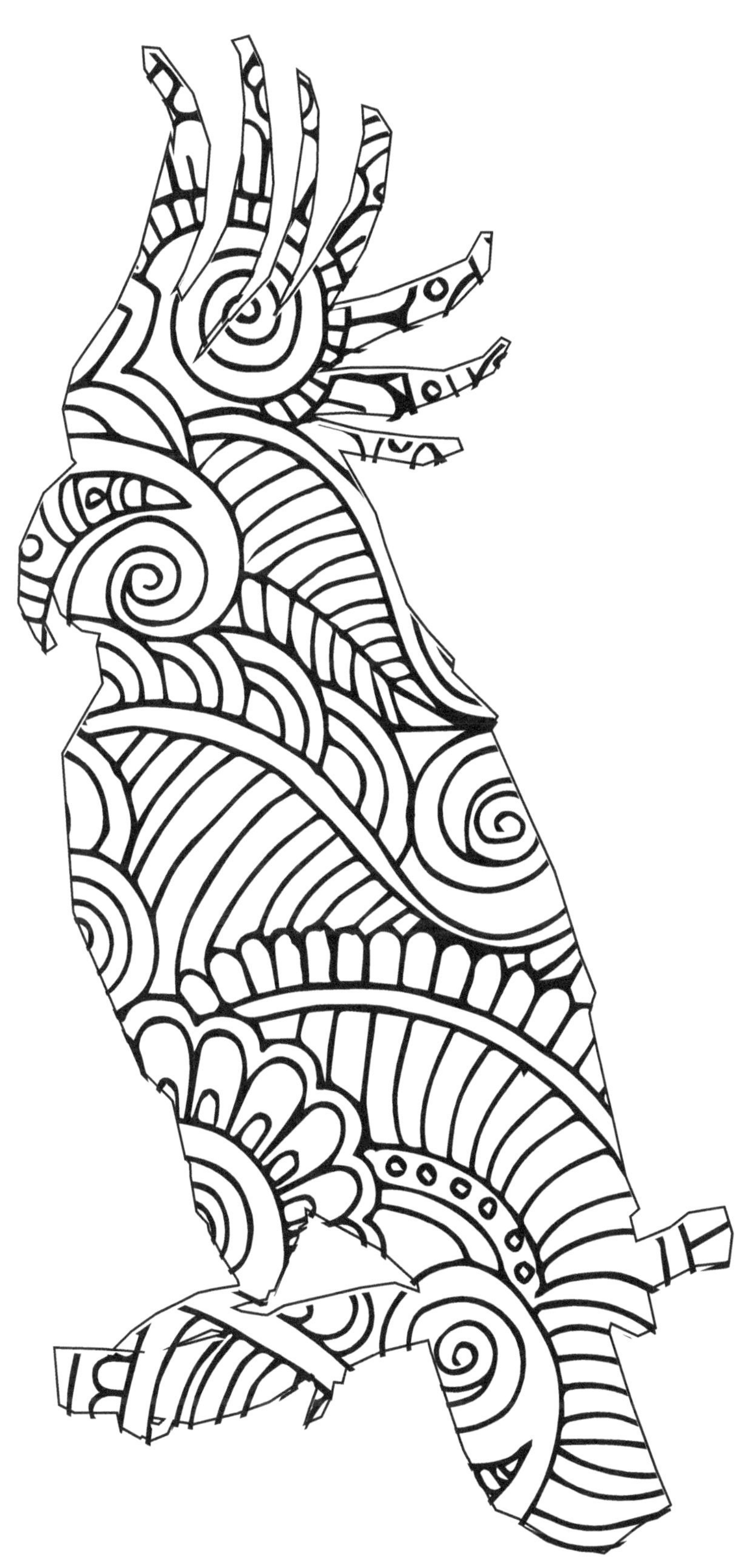

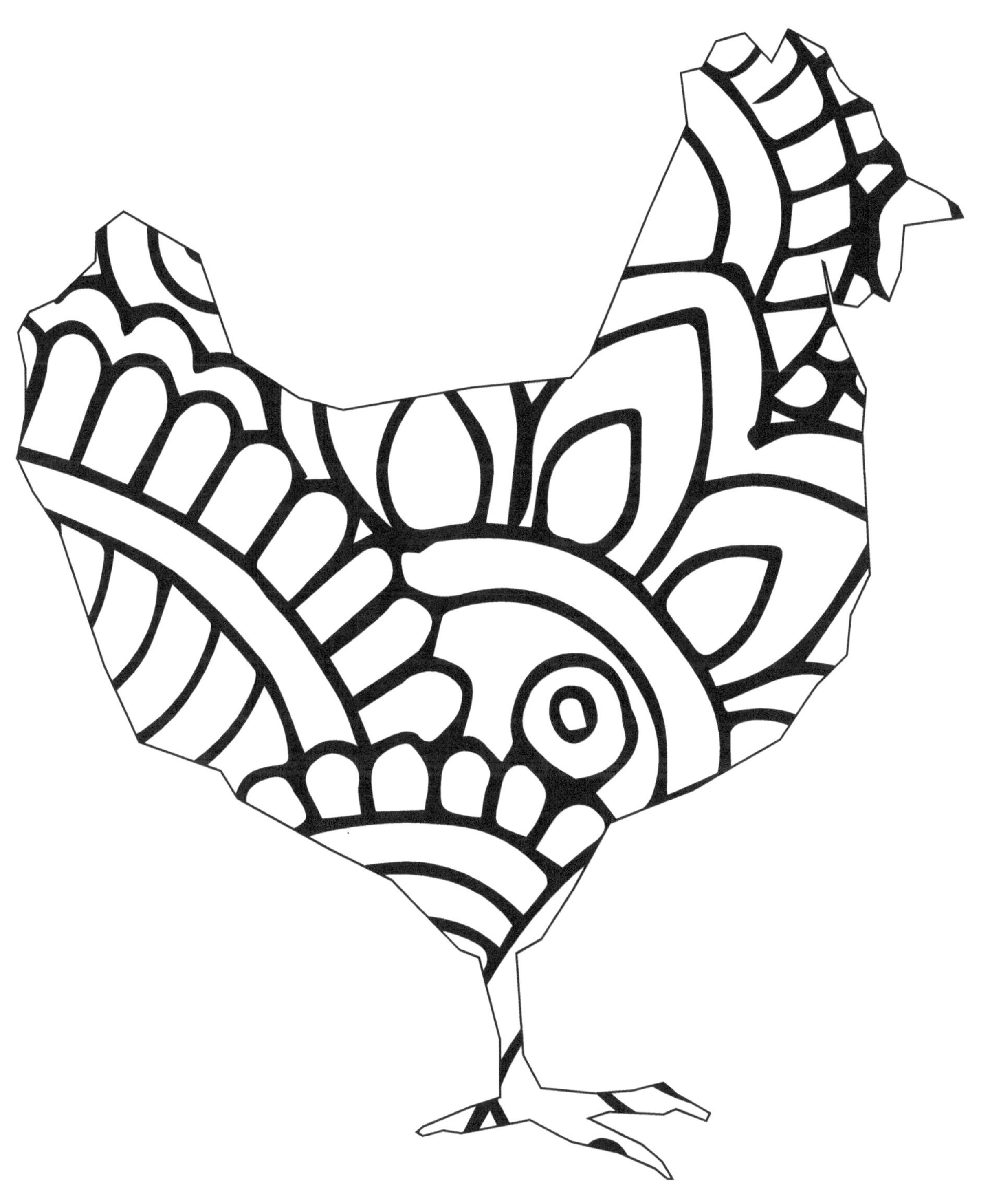

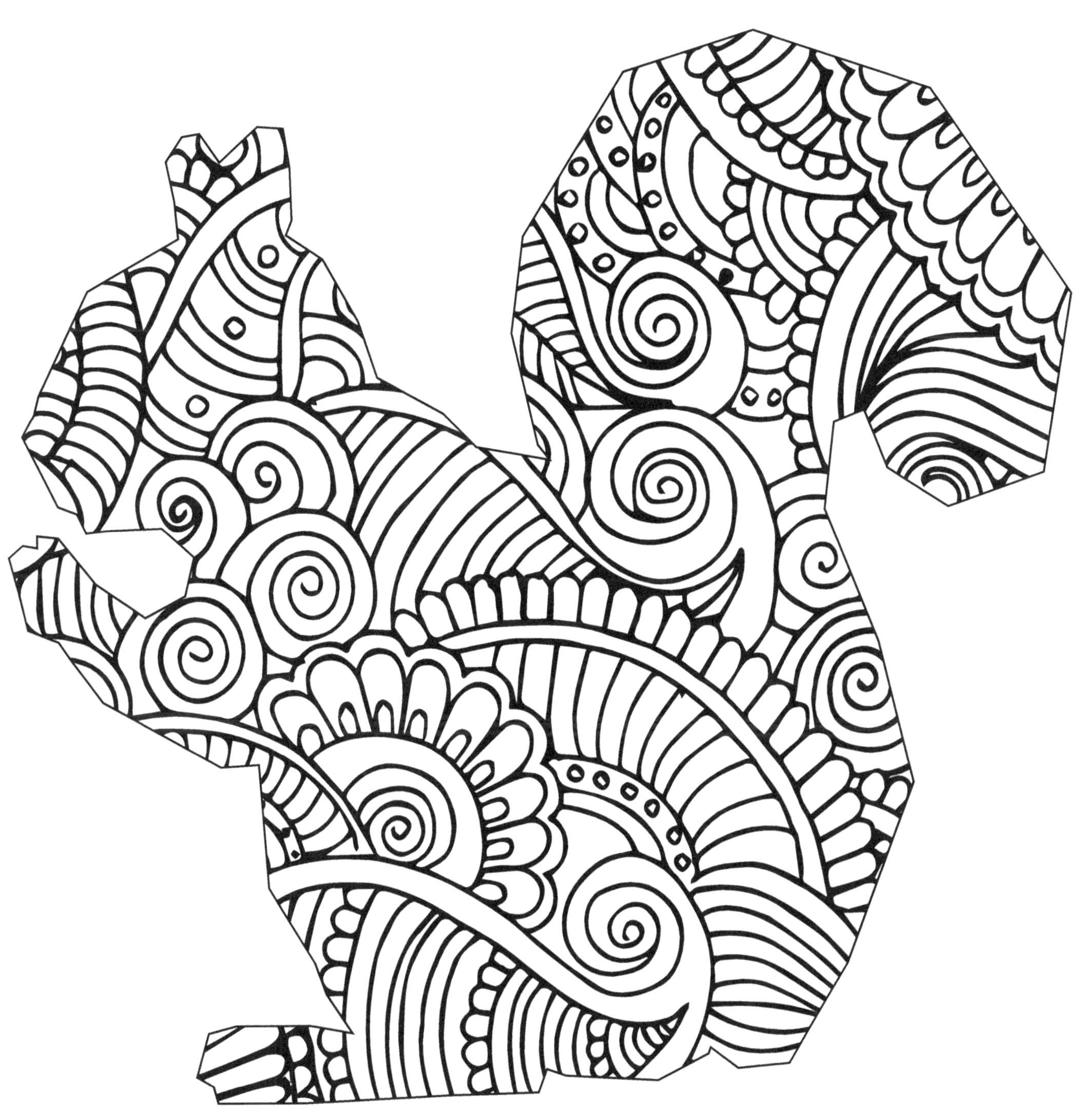

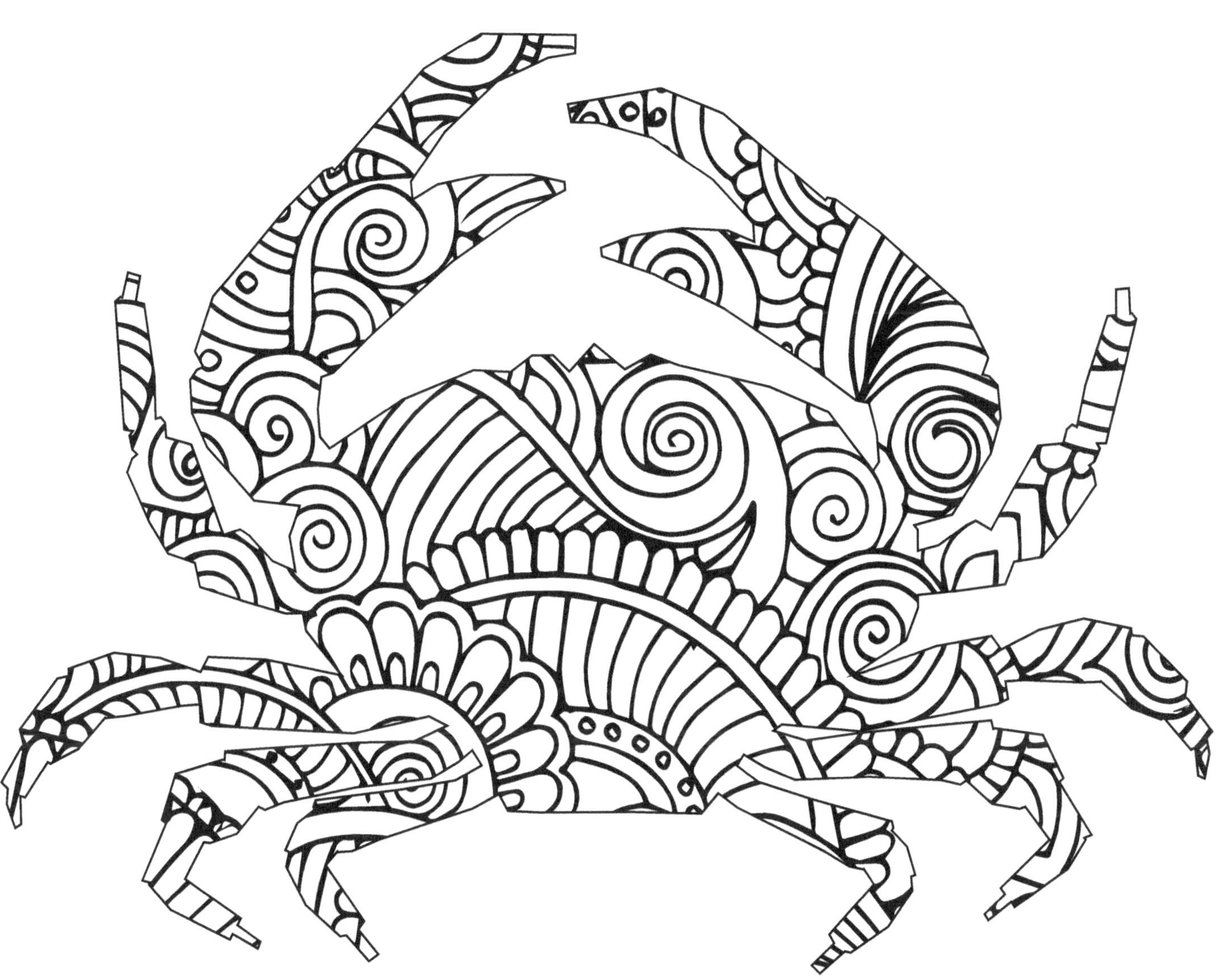

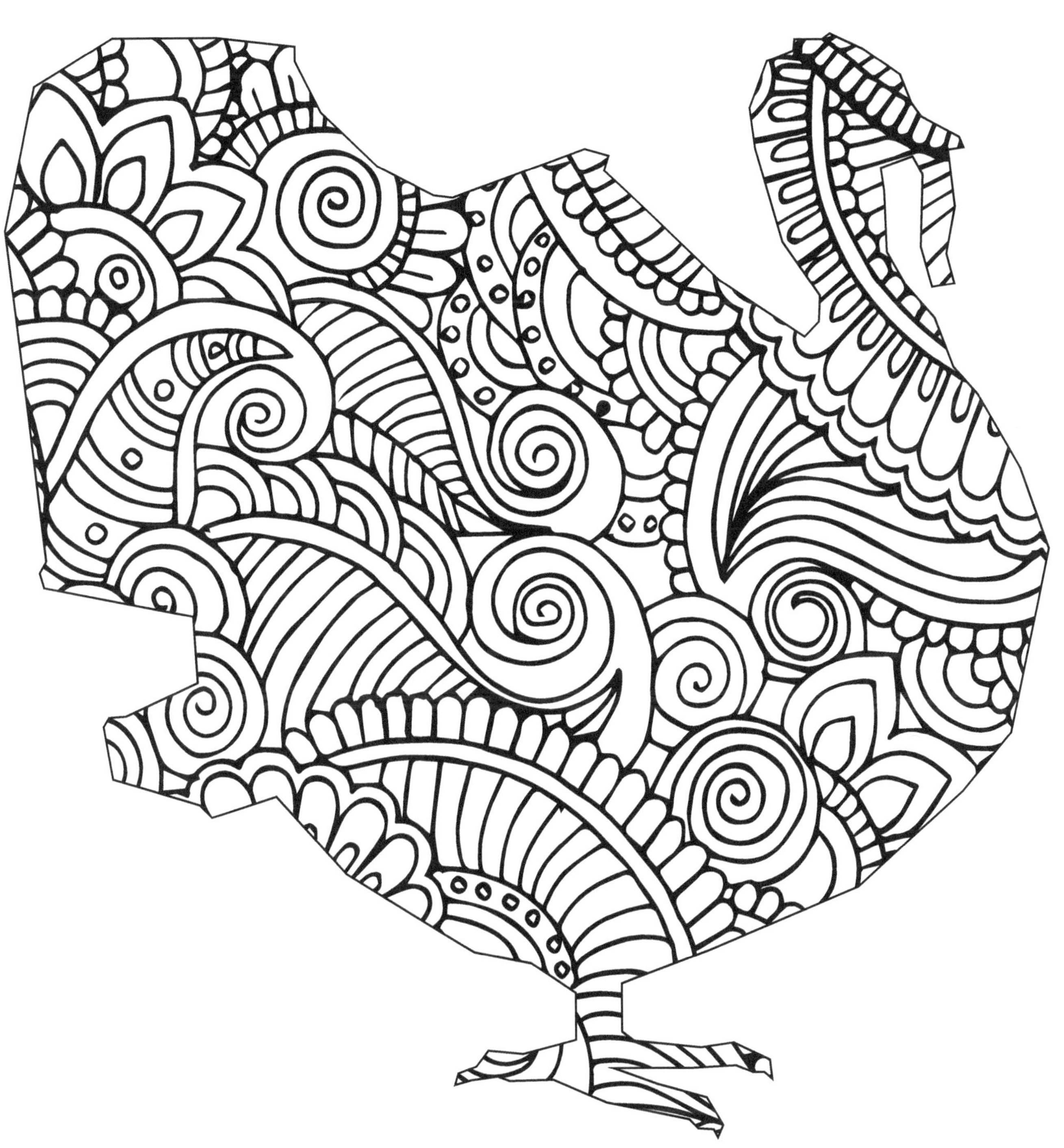

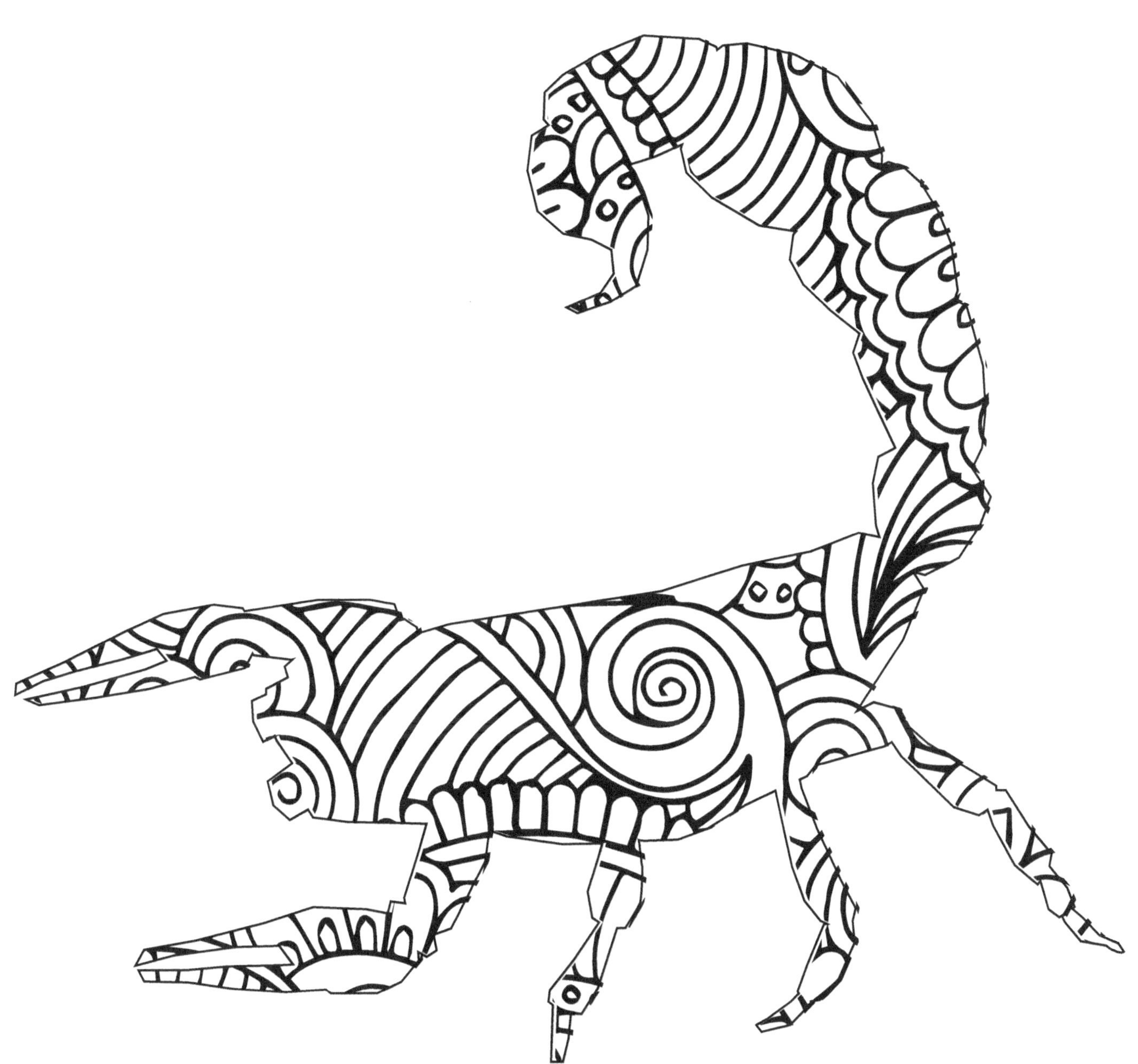

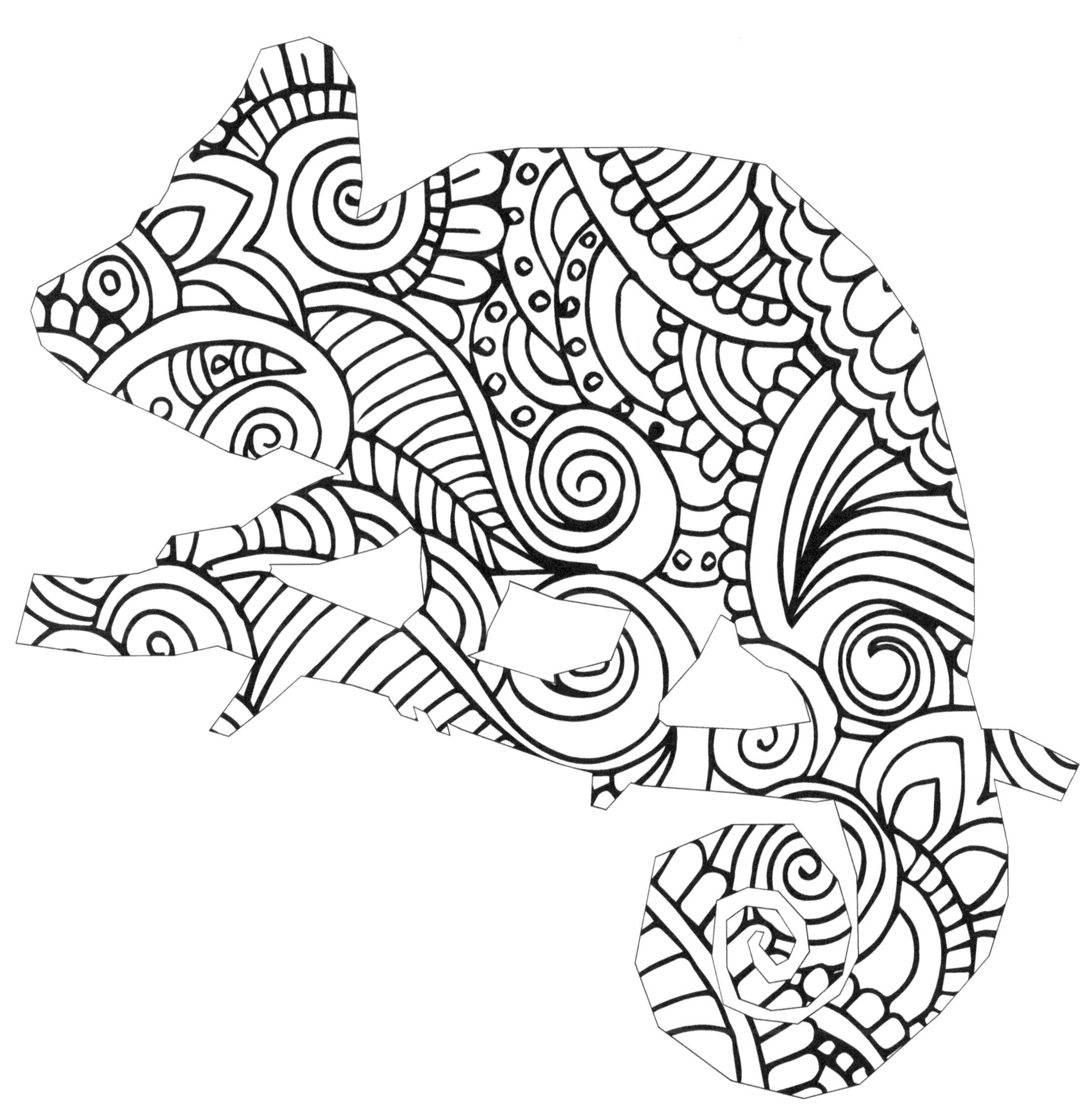

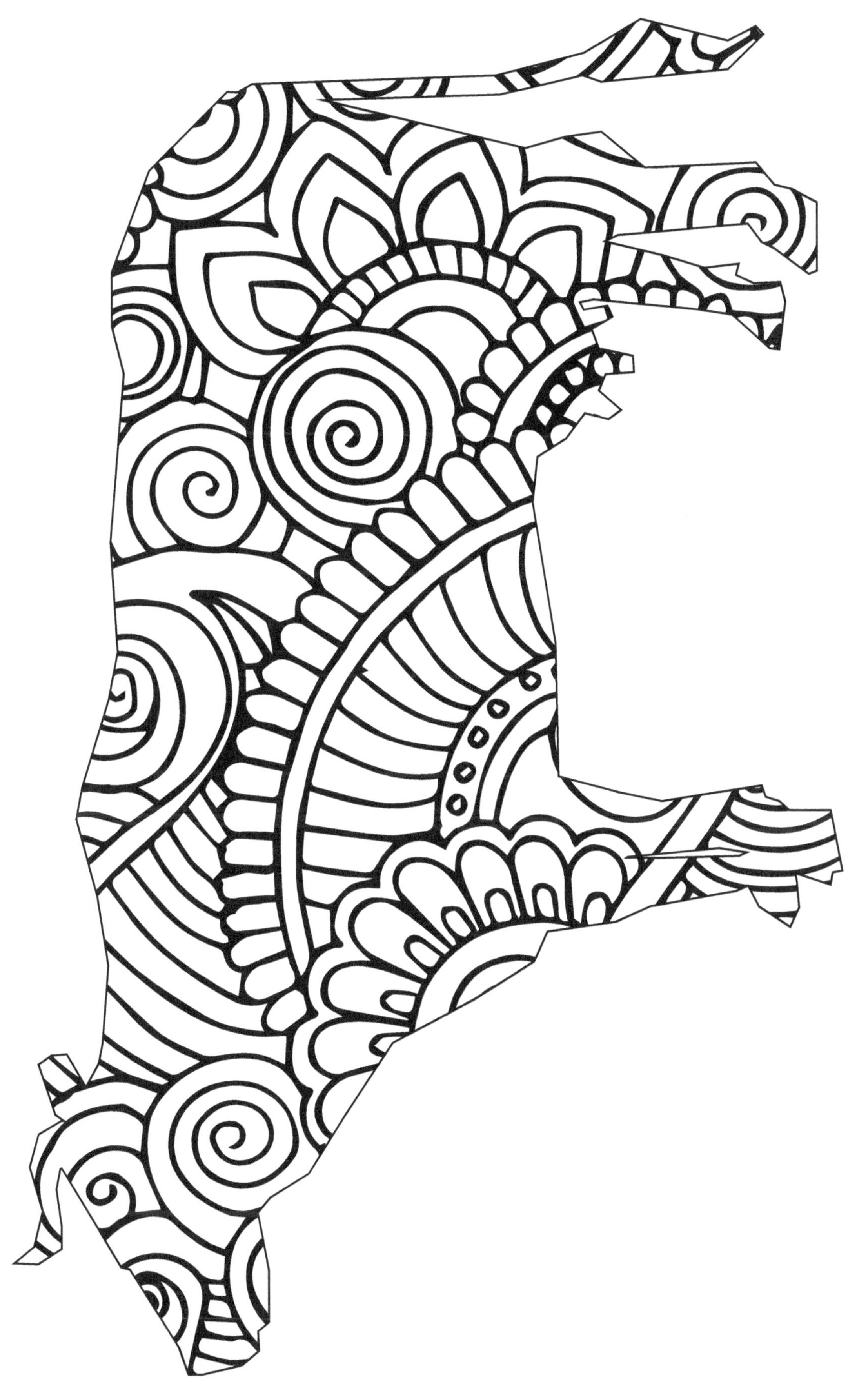

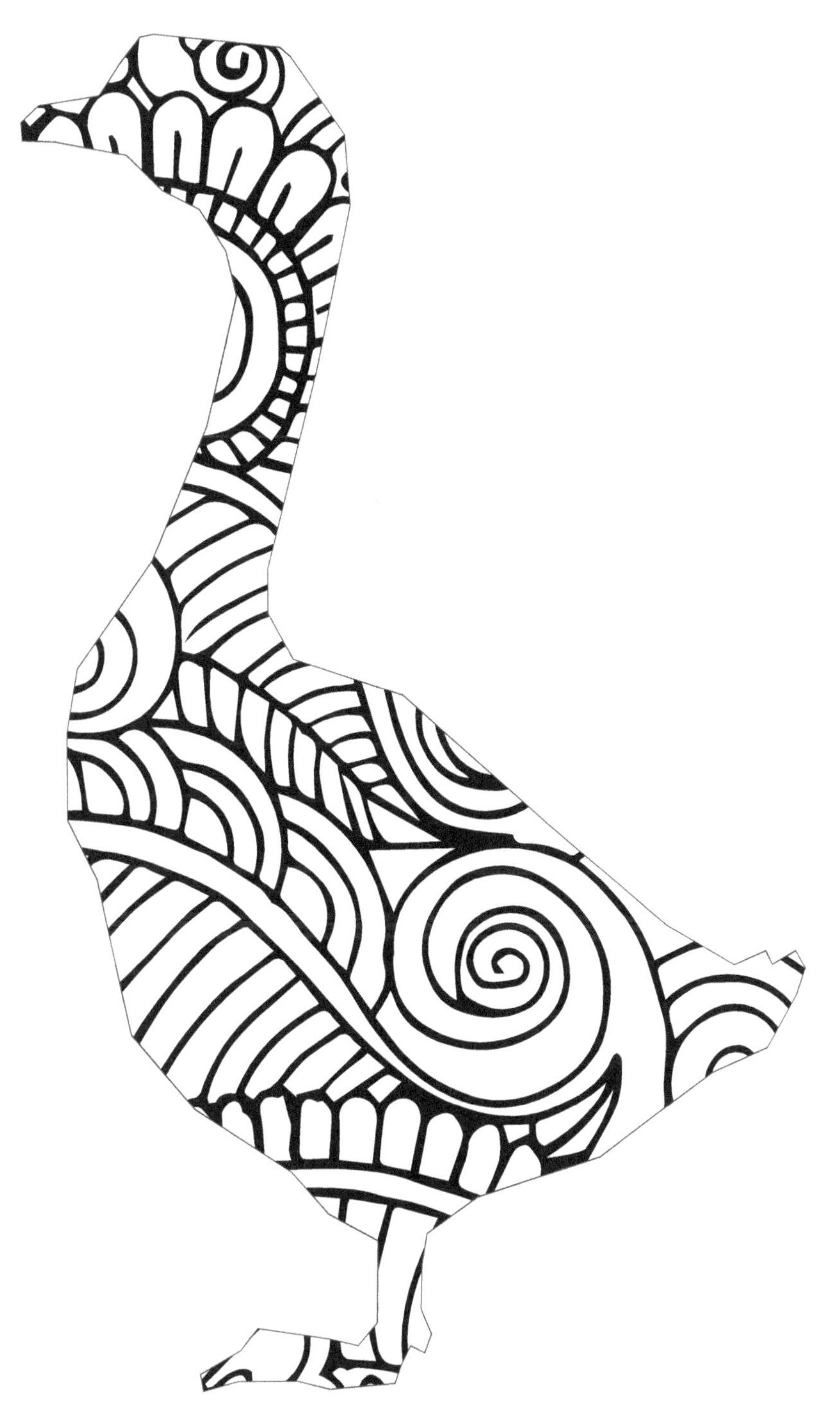

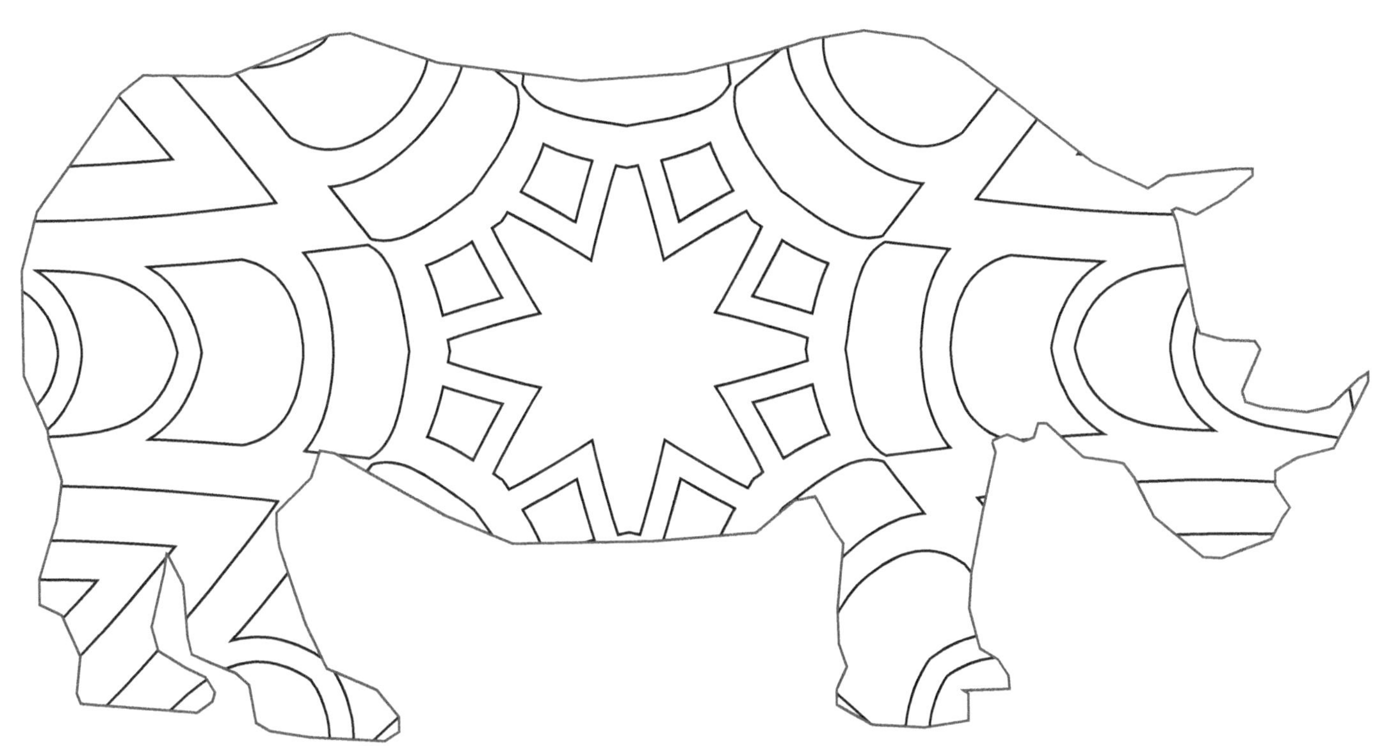

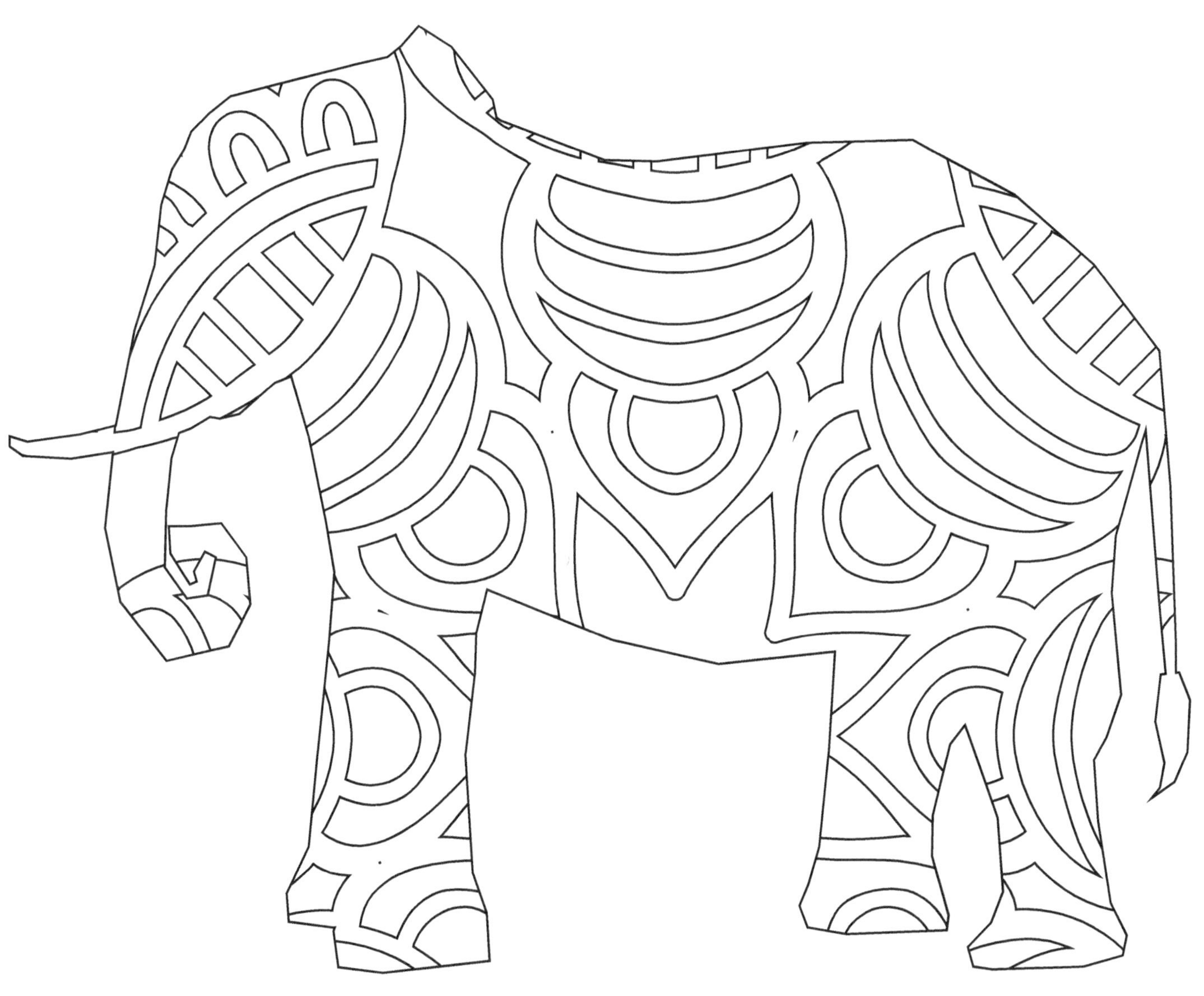

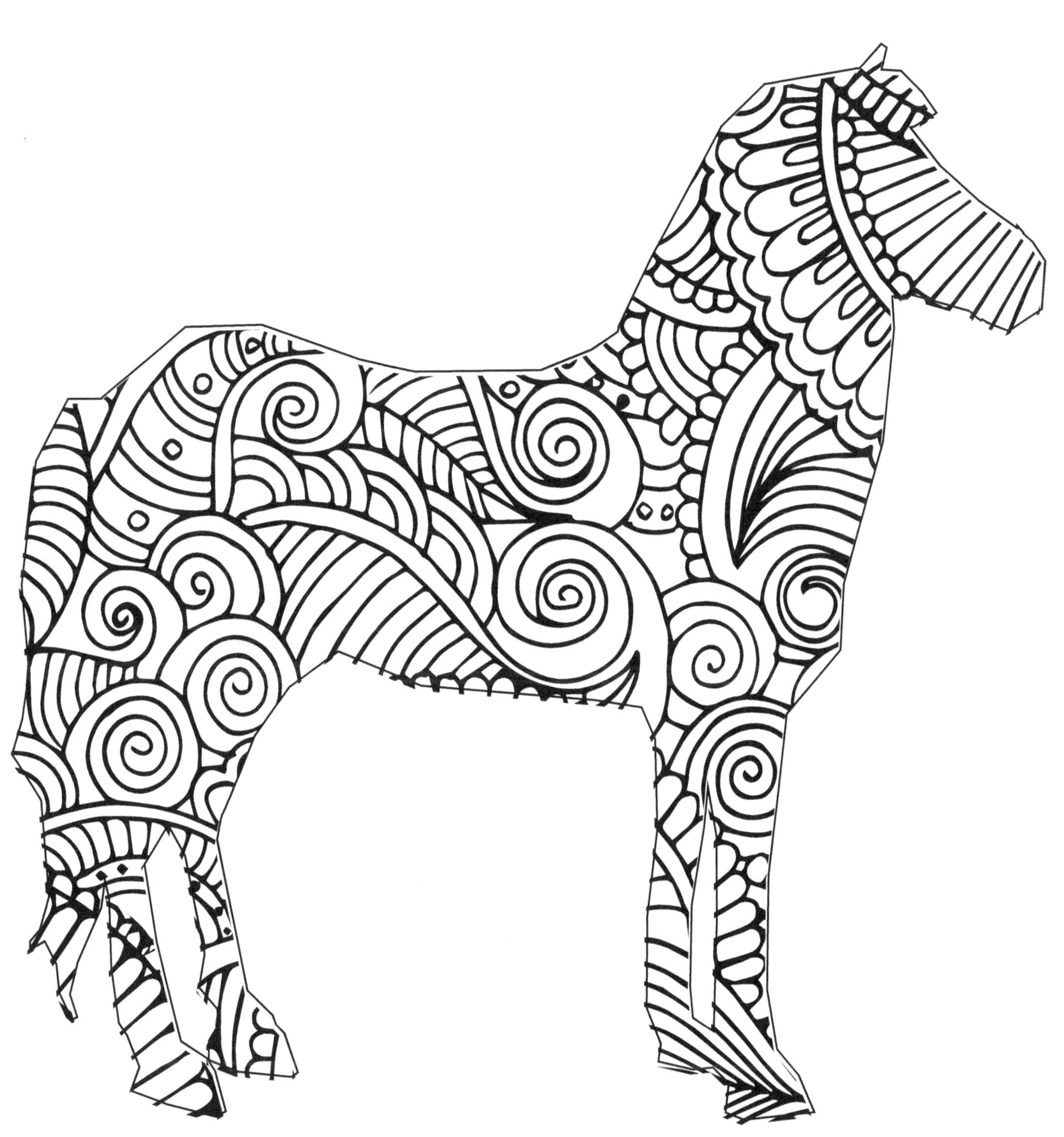

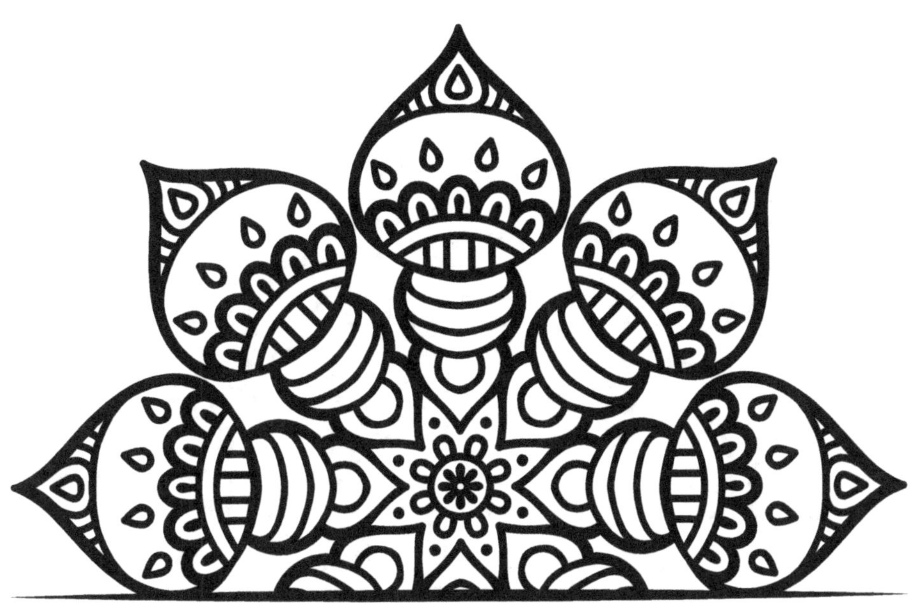

Dieses Buch gehört:

____

____

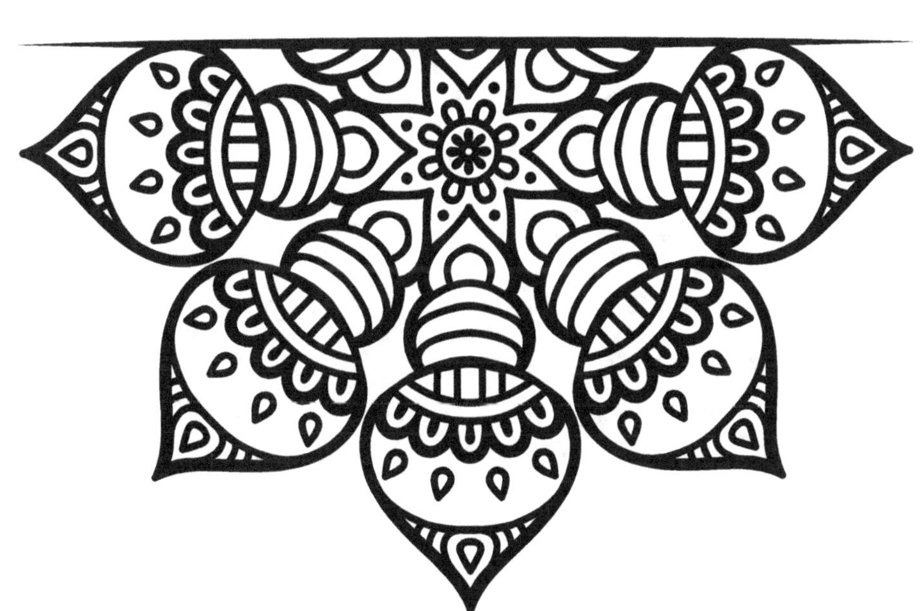

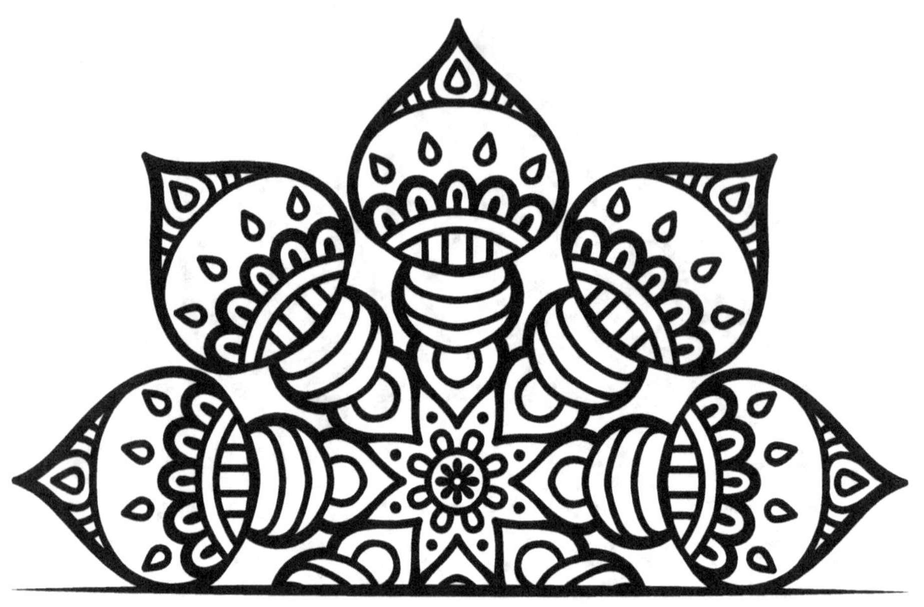

Dieses Buch gehört:

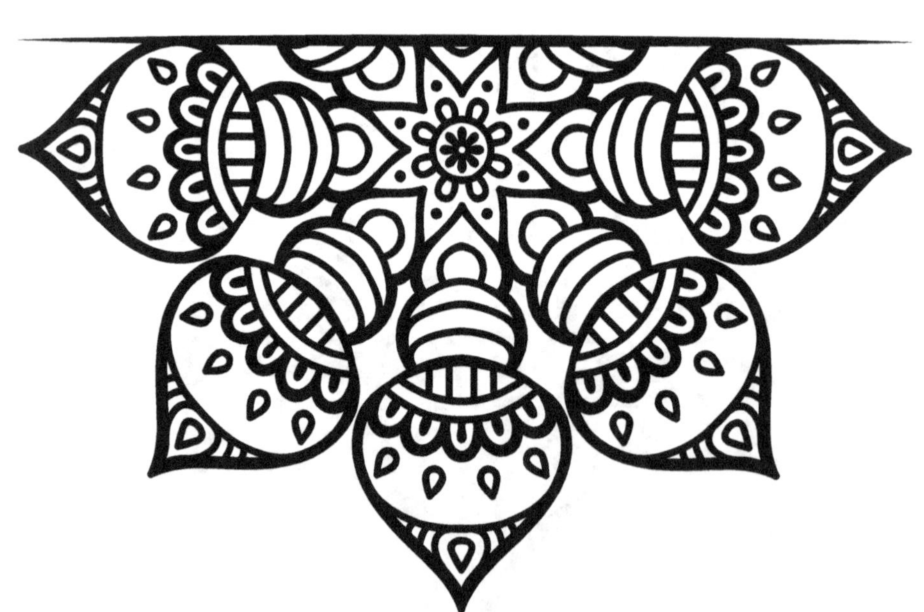

www.ingramcontent.com/pod-product-compliance
Lightning Source LLC
Chambersburg PA
CBHW080719120726
48001CB00010B/3075

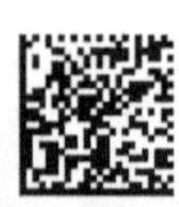